Y BEIBL CYMRAEG NEWYDD

CYFRES O ESBONIADAU

Actau'r Apostolion

gan

TOM R. WRIGHT

Y BEIBL CYMRAEG NEWYDD
CYFRES O ESBONIADAU

Golygydd:
Yr Athro Gwilym H. Jones

Golygydd Cynorthwyol:
Yr Athro D. P. Davies

Y bwriad yn y gyfres hon yw cyhoeddi dwsin o esboniadau ar rai o lyfrau'r Beibl, dau bob blwyddyn, un ar yr Hen Destament ac un ar y Testament Newydd. Byddant yn dilyn y cyfieithiad o'r Ysgrythur sydd yn *Y Beibl Cymraeg Newydd*. Amcan y gyfres yw esbonio mor syml ac uniongyrchol ag sydd bosibl gynnwys llyfrau'r Beibl. Y mae pob un o'r awduron yn arbenigwr yn ei faes. Iaith y gwreiddiol, boed Hebraeg neu Roeg, yw maes rhai, ac y mae eraill wedi troi i feysydd diwinyddol eraill. Fodd bynnag, y mae pob un yn gyfarwydd â chefndir hanesyddol a diwinyddol ac â thueddiadau esboniadol y maes a drafodir. Ond fe benderfynwyd cadw'r drafodaeth ar y pynciau hyn yn y cefndir a chyflwyno'n unig yr hyn sy'n gwbl angenrheidiol i ddeall y testun. Ffrwyth ysgolheictod beiblaidd a welir yn y gyfres, ac nid manylion y trafod. Y nod yw cyflwyno'n glir ac yn ddealladwy yr hyn y mae'r geiriau a gofnodwyd yn y Beibl yn ei gyfleu.

ISBN 1-903314-69-0

Argraffwyd yng Nghymru

Dymuna'r cyhoeddwyr gydnabod cymorth Adrannau Cyngor Llyfrau Cymru.

Clawr: Elgan Davies

Cyhoeddwyd gan
Wasg Pantycelyn, Caernarfon
ar ran
Pwyllgor y Beibl Cymraeg

Argraffwyd gan Wasg y Bwthyn, Caernarfon

Er cof annwyl

am

Yr Athro S. Ifor Enoch
(1914 – 2001)

RHAGAIR

Hoffwn yn gyntaf ddiolch i Gydbwyllgor Cyfieithu'r Beibl Cymraeg Newydd am y gwahoddiad a'r fraint o gael ysgrifennu esboniad ar un o lyfrau mwyaf cyffrous y Testament Newydd. Gobeithiaf y bydd yn fuddiol i bawb sy'n astudio'r Beibl, ac yn arbennig i aelodau ysgolion Sul, disgyblion Lefel-A a myfyrwyr coleg.

Gwerthfawrogaf yn fawr iawn y cyfarwyddyd gwerthfawr a dderbyniais gan yr Athro Gwilym H. Jones a'r awgrymiadau a roddwyd gan yr Athro D. P. Davies. Mae gair o ddiolch yn ddyledus hefyd i eraill a fu o gymorth mawr i mi, yn enwedig fy ngweinidog, Dr Elfed ap Nefydd Roberts, ac i Mrs Marian Lloyd Jones ac Aled Lewis Evans a fu'n cywiro a gloywi fy Nghymraeg; hefyd i'm mab, Huw, a'm dau fab-yng-ynghyfraith, Mike Balcarres-Ross a Jamie Harvey, a fu yn eu tro yn fy helpu i ddatrys problemau cyfrifiadurol. Mae arnaf ddyled hefyd i'm gwraig, Catherine, am ei hamynedd bob amser.

Tom R. Wright
Tachwedd 2003

RHAGARWEINIAD

Cyflwyniad

Y mae i Lyfr yr Actau le unigryw yn y Testament Newydd, gan ei fod yn pontio rhwng yr Efengylau a'r Epistolau. Nid oes gennym gofnod arall o hanes lledaeniad Cristnogaeth yn ystod y 30 mlynedd wedi marwolaeth Iesu. Mae'r Actau yn rhoi cofnod dramatig a chyffrous o ddechreuad Cristnogaeth yng Ngalilea a Jwdea a'r modd y trosglwyddwyd y neges Gristnogol o fyd Palesteinaidd gwledig Iesu i fyd trefol Paul a chymunedau aml-ddiwylliannol yr Ymerodraeth Rufeinig.

Teitl

Mae'r teitl "Actau'r Apostolion" braidd yn gamarweiniol ac nid yw'n ymddangos tan yr Ail Ganrif. Dim ond naw o'r apostolion sy'n ymddangos yn y rhestr o ddisgyblion Iesu (1:13). Ychydig iawn o gyfeiriadau sydd at Ioan (3:1; 4:1 - 22; 8:14), ac un yn unig sydd at Iago ei frawd (12:2). Y mae Pedr, sydd mor amlwg yn hanner cyntaf y llyfr hyd at 15:1, yn diflannu wedi hynny. Paul yw'r person amlwg yn y stori o 8:1 hyd at ddiwedd y llyfr. Bu Steffan a Barnabas ac eraill yn cynorthwyo Paul yn ei waith cenhadol. Felly mae apostolion ac eraill yn flaenllaw yn yr Actau ond mae'r prif bwyslais ar y mudiad ei hun ac nid ar yr unigolion fel y cyfryw.

Awdur

Nid yw Llyfr yr Actau yn datgelu pwy yw'r awdur, ond ers tua 200 OC mae traddodiad wedi dweud fod y drydedd Efengyl a'r

Actau wedi eu hysgrifennu gan yr un awdur, sef Luc, a allai fod wedi bod yn gwmni i Paul ac a ddisgrifir fel "y meddyg annwyl" yn Col. 4:14; 2 Tim. 4:11 a Philem. 24.

Mae dwy nodwedd o'r Actau yn berthnasol yma:

(i) Mae'r rhannau sydd wedi eu hysgrifennu yn y person cyntaf lluosog (Rydym ni), yn arbennig 16:10-17; 20:5-8, 13-15; 21:1-18; 27:1 - 28:16, yn rhoi'r argraff fod yr awdur yn bresennol ac wedi cymryd rhan yn y digwyddiadau ac fe'i disgrifir fel cydymaith i Paul ar ei deithiau. Ond, fel mae Barrett (2002) yn awgrymu, a hynny'n ddigon rhesymol yn fy marn i, gallai'r paragraffau "Rydym ni" yma fod wedi eu hysgrifennu, nid gan awdur y llyfr cyfan, ond gan un o'r ffynonellau gwybodaeth oedd ar gael am rai o'r digwyddiadau a ddisgrifir. Mae Luc wedi dal gafael yn rhai o'r storiau am resymau golygyddol, efallai er mwyn ychwanegu ychydig o hygrededd. Mae'n anodd credu fod y cyfan o'r Actau wedi ei ysgrifennu gan ffrind agos neu gyd-deithiwr i Paul.

(ii) Fel yr Efengyl (Luc 1:3) mae'r Actau yn cyfarch Theoffilus (Actau 1:1). Nid ydym yn gwybod pwy oedd ond mae'r teitl "ardderchocaf" yn Luc yn awgrymu ei fod yn ddyn o statws neu awdurdod arbennig. Roedd cyflwyno gweithiau llenyddol yn gyffredin yn yr hen fyd. Mae'r hyn sydd gan Luc a'r Actau yn gyffredin o ran geirfa, pwrpas a chynllun wedi arwain ysgolheigion i gyfeirio atynt fel "Luc-Actau", sef gwaith mewn dwy gyfrol.

Dyddiad

Y mae'r rhan fwyaf o ysgolheigion yn awgrymu fod yr Actau wedi ei ysgrifennu yn niwedd y ganrif cyntaf OC, mae'n debyg yn yr 80'au.

Mae'n werth nodi tri pheth yma:

1. Mae'n rhaid fod yr Actau wedi ei ysgrifennu ar ôl Efengyl

Luc, oedd mae'n debyg yn ddibynnol ar Marc, sydd fel arfer yn cael ei ddyddio ddiwedd y 60'au neu ddechrau'r 70'au.

2. Mae awdur yr Actau yn dangos gwybodaeth eang o amgylchiadau bywyd yn gyffredinol yn y rhan ddwyreiniol o ranbarth Môr y Canoldir yn amser Paul, sydd yn awgrymu ei fod o gwmpas yr adeg hynny; ond nid yw'n dangos unrhyw arwydd ei fod yn gyfarwydd â llythyrau Paul.
3. Mae'r cofnod o Gristnogaeth gynnar sydd yn yr Actau yn aml yn adlewyrchu gofidiau y genhedlaeth ar ôl Paul ac mae'r cyfeiriad at weinyddiad rhanbarthol Rhufeinig yn gyson â dyddiad yn niwedd yr 80'au neu ddechrau'r 90'au.

Mater pwysig yw pam mae'r Actau yn gorffen fel y mae. Mae rhai yn nodi ei fod yn od nad yw yn rhoi canlyniad achos Paul ac felly fe allai fod wedi ei ysgrifennu yn ystod ei ddwy flynedd o garchariad yn Rhufain (28:20) cyn erledigaeth yr Ymerawdwr Nero yn 64 OC, pan, yn ôl y traddodiad, y collodd Paul ei fywyd. Roedd Ffestus, y cyfeirir ato yn 25:1, yn Rhaglaw yn Jwdea tua 60-62 OC; gallai hynny ddyddio'r Actau mor fuan â 62. Ond byddai'r rhan fwyaf o'r awdurdodau ar y maes hwn yn cytuno ar y dyddiad hwyrach.

Gadewch i ni symud ymlaen at faterion pwysicach.

Pwrpas ac Amcanion : Pam y gwnaeth Luc ysgrifennu Llyfr yr Actau?

1. Fel y mae'r adnodau cyntaf yn dangos mae Luc yn ceisio disgrifio yn yr Actau barhad y gwaith a ddechreuodd Iesu, sef lledaeniad Teyrnas Dduw (1:3) yn gyflawniad o broffwydoliaeth yr Hen Destament.
2. Bu'r Ysbryd Glân yn rym nerthol y tu ôl i'r efengylu a'r tystiolaethu, gan ddilyn y rhaglen yn 1:8 yn llwyddiannus iawn (adnod allweddol fel y gwelwn). Cyfeiriwyd at yr Actau fel "Efengyl yr Ysbryd Glân".
3. Roedd twf Cristnogaeth yn golygu rhwyg oddi wrth yr

arweinyddion Iddewig yn Jerwsalem (pen. 3-7) ac mewn canolfannau eraill (pen. 13-25). Ond nid yw Luc am gyflwyno hyn fel rhwyg terfynol anorfod ond yn hytrach fel tensiwn sectyddol, gan ei fod yn pwysleisio hunaniaeth Iddewig Paul a'i ymrwymiad i draddodiadau ei bobl hyd y diwedd (gweler 21:39; 22:3; 24:11-17; 25:8; 26:4-7; 28:17).

4. Mae'r Actau yn darlunio dechreuad, cyfiawnhad a datblygiad y genhadaeth i'r Cenhedloedd, a ddaeth yn ganolog yn ail ran y llyfr (pen. 15-28). Ond fe sefydlwyd y genhadaeth i'r Cenhedloedd yn y penodau cynharaf hefyd: e.e 8:5; 9:15-16.
5. Er gwaethaf y tensiynau a achoswyd gan y mudiad Cristnogol newydd fel cenhadaeth Iddewig i'r Cenhedloedd, mae'r Actau yn pwysleisio undod y mudiad sy'n datblygu. Gwneir hyn trwy bwysleisio lle canolog a goruchwyliol yr Eglwys yn Jerwsalem (8:14; 11:22) a'r apostolion (2:42; 9:27; 11:1; 15:2,6,22-23; 16:4); trwy ddelio â'r tensiynau a achoswyd gan yr Heleniaid, sef Iddewon oedd yn siarad Groeg ac nid Hebraeg neu Aramaeg (6:1); cofnodi marwolaeth Steffan (8:2) ac yn y penodau cynnar hyn cynnwys Paul.
6. Mae Luc yn ceisio ei orau i gyflwyno Cristnogaeth mewn golau ffafriol i'r awdurdodau Rhufeinig, yn rhannol trwy bortreadu swyddogion Rhufeinig mewn ffordd gadarnhaol fel yn achos anorffenedig Paul ym mhenodau 21-28. Enghreifftiau eraill yw'r ffordd y denwyd yr Henuriad Cornelius a Pawlus, rhaglaw Cyprus tuag at y mudiad newydd (10:1-48 a 13:6-12) a'r modd y gwnaeth Galio lywodraethu ar Achaia (18:12-17)

Luc fel Hanesydd a Diwinydd

Roedd gan Luc wybodaeth eang am bobl, digwyddiadau a sefydliadau yn y byd Rhufeinig-Roegaidd yn y ganrif gyntaf OC. Fodd bynnag, nid ysgrifennu hanes cymdeithasol, economaidd na milwrol yr oedd, ond yn hytrach hanes

Cristnogol, crefyddol yn arddull ei gyfnod. Wrth gwrs nid oedd modd i haneswyr y cyfnod gael cymorth dulliau gwyddonol sydd ar gael heddiw. Yn gyffredinol mae'n annhebygol fod Luc yn lygad-dyst i'r hyn y mae'n ei ddisgrifio, yn arbennig ym mhen. 1-13, ond defnyddiodd ffynonellau dibynadwy a thraddodiad fel y gall y darllenydd fod yn hyderus o sail hanesyddol y rhan fwyaf, os nad y cwbl, o'i storïau. Mae'n rhaid i haneswyr pob oes ddethol a golygu eu defnyddiau ar gyfer eu nod a'u hamcanion eu hunain. Dywed ysgolheigion y Testament Newydd y gellir dysgu llawer trwy gymharu yr Actau gyda gweithiau hanesyddol eraill yn y byd Groegaidd-Rufeinig. Ond mae Luc yn gofalu am yr ochr ddiwinyddol trwy ddefnyddio dyfyniadau o'r Hen Destament fel testunau prawf (*proof-texts*). Mae rhai ysgolheigion diweddar yn mynd cyn belled â disgrifio'r Actau fel nofel hanesyddol, wedi ei ysgrifennu i ddiddori ei ddarllenwyr, gan fod Luc yn ysgrifennu mewn ffordd fywiog, ac yn cynnwys penodau dramatig fel hanes y llong-ddrylliad (gweler 27:39-44). Ond y farn gyffredinol yw nad yw'r Actau, fel yr Efengylau, yn ffitio i un ffurf lenyddol gan ei fod yn defnyddio technegau arbennig y cyfnod fel yn yr "Areithiau".

Yr Areithiau

Mae'r areithiau neu'r pregethau yn yr Actau yn cymeryd hyd at 30% o'r gwaith, a defnyddir hwy i gyfleu y rhan fwyaf o'r cynnwys diwinyddol. Ni fyddai eu cynnwys yn cael ei gyfrif fel cofnod gair am air o'r hyn ddywedwyd ar yr pryd. Fel y mae J. D. G. Dunn yn ei ddweud yn ei esboniad defnyddiol (tud xvii: Cyflwyniad):

"Mewn hen hanesyddiaeth, defnyddiwyd areithiau nid yn unig i ddangos beth a ddywedwyd gan y person, ond hefyd beth oedd yr awdur yn feddwl oedd wedi cael ei ddweud.

Defnyddiwyd y dechneg hon er mwyn effaith ddramatig, trwy gyfleu gwybodaeth yn fywiog, gan haneswyr o'r oesoedd cynnar megis Josephws Iddewig,oedd yn cyfoesi â Luc, Thucydides Groegaidd a Livy Rhufeinig yn eu gweithiau."

Nid yw'r ffaith fod Luc wedi defnyddio'r dull hwn o ysgrifennu yn yr Actau yn tanseilio o gwbl werth hanesyddol a diwinyddol hanes dechreuad Cristnogaeth a'r modd yr ehangodd o fod yn sect Iddewig i fod yn ddechreuad crefydd fyd eang.

Mae Johnson yn disgrifio Luc fel *stylistic chameleon* (1998: 408); yn ei Efengyl a'r penodau cyntaf o'r Actau y mae gwaith Luc yn debycach i'r Septuagint (cyfieithiad Hen Destament i'r iaith Roeg ac a ddefnyddid yn nyddiau Iesu) o ran iaith a thema, ond po bellaf y mae digwyddiadau yn symud o Jerwsalem maent yn mynd yn fwy Helenistaidd ac y mae Groeg Luc yn mynd yn llai Iddewig. Pan siaradodd Paul yn Athen (17:16-31) yr oedd yn debyg i athronydd Groegaidd, ond pan siaradodd Pedr wrth gynulleidfa y Pentecost roedd yn traethu ar sail yr Hen Destament mewn arddull Rabbinaidd (2:14-36).

Nodweddion eraill i arddull lenyddol Luc

Telesgopig

Confensiwn arall a ddefnyddir gan Luc yw'r un telesgopig, hynny yw defnyddio digwyddiad penodol i gynrychioli rhywbeth ehangach neu batrwm o ddigwyddiadau. Er enghraifft, mae llawer mwy o enghreifftiau o gyfarfyddiadau rhwng Cristnogion a Samariaid na'r un a gofnodir yn Actau 8:4-25.

Cyfochredd/Cyffelybiaethedd

a) Mae rhai cyffelybiaethau oddi mewn i'r patrwm cyflawn rhwng stori Efengyl Luc a'r Actau. Mae'r Efengyl yn adrodd fel "yr ymwelodd Duw a rhyddhau ei bobl" trwy anfon ei Fab. Mae'r Actau yn dweud wrthym fel y daeth y digwyddiad hwn yn "olau i oleuo y Cenhedloedd" trwy dystiolaeth yr Eglwys oedd yn llawn o'r Ysbryd Glân:

Efengyl Luc	Actau
1) Genedigaeth Iesu o Fair trwy'r Ysbryd Glân	1) Genedigaeth yr Eglwys trwy'r rhodd o'r Ysbryd Glân
2) Gweinidogaeth Iesu: iacháu a dysgu	2) Gweinidogaeth yr Eglwys: iacháu a dysgu hefyd
3) Dioddefaint Iesu, wedi ei broffwydo ac wedi ei gyflawni	3) Erlidwyd yr apostolion e.e. taith Paul i Jerwsalem, ei arestio a'i brofi

(Er hynny dim ond yn rhannol y mae (3) yn wir!)

Ceir enghreifftiau hefyd yn Luc 3:21-22 ac Actau 2:1-4

b) Yn yr Actau mae nifer o gyffelybiaethau rhwng cofnod Luc o waith Pedr a Paul: e.e. iacháu dyn wedi ei barlysu yn Actau 3:1-10 ac Actau 14:8-11 – y ddau gofnod yn adleisio iacháu y dyn wedi ei barlysu gan Iesu yn Luc 5:17-26.

Mae nifer o enghreifftiau eraill:

Pedr	2:22-39	4:8	5:15	8:17	8:18-24	9:36-41	12:6-11
Paul	13:26-41	13:9	19:12	19:6	13:6-11	20:9-12	16:25-34

Trwy hyn mae Luc yn dangos i'w ddarllenwyr y cysylltiadau sydd rhwng ei brif gymeriadau, Pedr a Paul, ac yn dangos fel mae esiampl Iesu o fywyd duwiol ac arweiniad yn cael ei adlewyrchu ym mywydau ei ddilynwyr.

c) Mae Luc yn defnyddio cyfochredd i danlinellu cyferbyniad. Mae Actau 4:34-35 yn pwysleisio fel yr oedd y Cristnogion cynnar yn rhannu pethau fel nad oedd neb mewn angen, ac yn dilyn hynny rhoddir esiampl gadarnhaol o Barnabas yn gwerthu cae ac yn rhoi yr arian i'r apostolion (4:36) a hefyd esiampl negyddol o Ananias a Saffeira yn honni eu bod wedi rhoi yr holl arian a gawsant am werthu eiddo, ond celwydd oedd hynny, a bu farw'r ddau (5:1-11).

Mae'r Actau yn llyfr eang a llawn sialens, yn adrodd y stori anhygoel am hanes tyfiant a datblygiad yr eglwys wrth iddi ymestyn yn ddaearyddol o Jerwsalem i Rufain, gan ddechrau gyda'r Iddewon ac yna ymestyn at y Cenhedloedd. Fel y nodwyd, Actau'r Ysbryd Glân sydd yn y gyfrol hon. Mae hefyd yn dangos fod yr Ysbryd yn gweithio trwy ddynion a merched cyffredin yn ogystal ag arweinyddion talentog megis Pedr a Philip, Barnabas a Paul. Mae'r stori yn cael ei dweud yn fywiog ac yn eglur, gan ddefnyddio talent Luc fel storïwr. Llyfr yr Actau yw'r llyfr hiraf yn y TN ac mae'n cynnwys amrediad diddorol o syniadau a diwylliannau. Er hynny, canolbwyntiodd Luc ar ddweud am y modd y gwnaeth Duw y neges am Iesu yn hysbys i'r byd fel yr adnabyddid ef yr adeg hynny.

Cynnwys

Dyma brif raniadau'r llyfr:

I. Yr Eglwys yn Jerwsalem (1:1 - 5:42)

II. Erledigaeth a Chynnydd (6:1 - 9:31)

III. Pedr: Agor y Drws i'r Cenhedloedd (9:32 - 12:25)

IV. Paul y Cenhadwr (13:1 - 19:20)

V. Cynllunio'r Daith i Rufain trwy Jerwsalem (19:21 - 21:16)

VI. Paul yn Anelu am Rufain trwy Jerwsalem (21:17 - 28:31)

I. YR EGLWYS YN JERWSALEM (1:1-5:42)

Y Cychwyniadau a'r Pentecost (1:1 - 2:47)
Yn dilyn esgyniad Iesu yr oedd rhai trefniadau y dymunai ei ddilynwyr eu gwneud, yn arbennig felly dewis un i lenwi'r lle gwag a adawyd gan Jwdas Iscariot. Ond newidir yr hinsawdd yn llwyr gyda gwawrio dydd y Pentecost.

Y Prolog (1:1-5)
Dechreua Luc ei ail gyfrol drwy ailadrodd ei gyflwyniad i Theoffilus (gweler tud. 10) ac atgoffa'i ddarllenwyr o gynnwys hollbwysig ei gyfrol gyntaf, Efengyl Luc, sef gwaith a dysgeidiaeth Iesu. Ystyr enw Theoffilus yw "un sy'n caru Duw"neu "cyfaill Duw" – ffugenw, efallai. Y mae'n bosibl mai noddwr llenyddol a Christion o bwys yn y gymdeithas oedd o. Posibilrwydd arall yw ei fod yn gymeriad dychmygol i gynrychioli Rhufeinwyr neu Genhedloedd oedd yn bleidiol i Gristnogaeth. Ysgrifennwyd yr Actau er mwyn portreadu Cristnogaeth fel ffydd newydd, agored ac apelgar i bawb, yn Iddewon a Chenhedloedd.

Rhoddir yma adolygiad byr o brif ddigwyddiadau hanes Iesu (adn. 2-4). Y mae dawn yr Ysbryd, a nodweddai statws arbennig Iesu yn ystod ei weinidogaeth (gweler Luc 3:16,22), am gael ei hestyn i'w ddisgyblion hefyd, ac y mae ail gyfrol Luc, h.y. yr Actau, am fanylu ymhellach ar yr hyn a olygai'r addewid hon. Yn yr adolygiad hwn y ceir yr unig gyfeiriad yn y Testament Newydd at y cyfnod o amser oedd rhwng yr atgyfodiad a'r esgyniad, sef *deugain diwrnod* (adn. 3). Sylwer hefyd nad ystyr daearyddol sydd i'r ymadrodd *teyrnas Dduw;* cyfeirio y mae at deyrnasiad neu reolaeth Duw.

Esgyniad Iesu (1:6-11)
Sylwer ar y pwyslais ar *ddod ynghyd* (adn. 6); nid crefydd unigolyddol yw Cristnogaeth. Sylwer hefyd na fu i'r Iesu atgyfodedig wrthod yn gyfan gwbl y syniad eschatolegol o ddyfodiad ei sofraniaeth ef fel digwyddiad apocalyptaidd, ond yma mae'n cyfeirio sylw ei Apostolion yn hytrach at y dyfodol agos. Bu'r pwnc hwn ar feddwl yr Iddewon ers canrifoedd, gan eu bod yn disgwyl am ddyfodiad teyrnas ddaearol a fyddai'n eu dyrchafu hwy y genedl etholedig goruwch holl genhedloedd y byd. Ond yn ôl Luc trwy'r Ysbryd Glân, a oedd ar fin dod i'w plith, fe sicrheir iddynt awdurdod i'w galluogi i gyflawni eu gwaith o fod yn dystion i Iesu. Felly yn lle dyfalu am *amseroedd neu brydiau* apocalyptaidd mae bod yn *dystion* i'r Arglwydd yn bwysicach. Ym mywyd Cristnogion y mae Duw yn dangos ei sofraniaeth.

Adnod hollbwysig yw adn.8, gan ei bod yn gosod allan raglen ddiwinyddol a daearyddol yr holl lyfr:

(a) penodau 1-7 yn lleol ac yn canolbwyntio ar *Jerwsalem;*
(b) penodau 8-11 yn rhanbarthol ac yn olrain lledaeniad yr Efengyl i *Jwdea a Samaria,* h.y. cyffiniau Syria-Palesteina;
(c) gweddill yr Actau (penodau 13-28) yn fyd-eang, yn dilyn cenhadaeth Paul ymhellach byth *hyd eithaf y ddaear,* sef i Rufain.

Yn ôl Luc y mae bod yn *dystion* yn gysylltiedig bob amser ag ymddangosiadau'r Iesu Atgyfodedig (gweler 1:22; 2:32; 3:15; 5:32; 10:41; 13:31; 22:15; 26:16). Nid comisiwn i ail-gyhoeddi dysgeidiaeth Iesu a roddwyd i'r apostolion a'u cymdeithion,ond yn hytrach i gyhoeddi Iesu ei hun yn ei atgyfodiad. Yn hyn o beth mae'r addewid o'r Ysbryd Glân yn hanfodol; yr Ysbryd yw nerth Duw ar waith yn y cread ac ym mywydau pobl.

Fel cefndir i hanes yr esgyniad (adn.9-11) mi fyddai'n fantais darllen y darnau perthnasol hyn o Efengyl Luc: hanes y Gweddnewidiad (9:28-36) a'r cyfeiriad cyntaf at yr esgyniad yn

9:51. Luc yn unig sy'n sôn am esgyniad Iesu; ffordd symbolaidd ydyw i egluro mai dyma ymddangosiad olaf y Crist atgyfodedig. Gwneir defnydd o gwmwl ac angylion i awgrymu dirgelwch y neges nad yw Iesu bellach wedi ei gyfyngu i Galilea ond wedi ei orseddu yn ddyrchafedig yn y nefoedd; oddi yno y mae ef drwy'r Ysbryd yn gallu bod yn bresennol gyda'i bobl ymhob man a bydd yno ar ddiwedd amser yn cael ei ddatguddio fel Arglwydd pawb. Hanes unigryw yw hwn gan Luc, er bod iaith a delweddau tebyg i'w gweld yn yr HD, e.e., y weledigaeth yn Daniel 7:13 o Fab y Dyn yn dod mewn cwmwl (y *secinah* yn Hebraeg) a oedd yn cuddio gwir ogoniant Duw, gan y buasai'n dallu dyn am ei fod y tu hwnt i'w amgyffred. At angylion, mae'n debyg, y cyfeiria'r *ddau ŵr...mewn dillad gwyn* (adn. 10). Negesydd oedd angel, ac y mae Luc yn hoff iawn o ddefnyddio'r gair fel symbol o ryfeddod at ffyrdd Duw o gyfathrebu â dynion; gweler ei Efengyl (Luc 1:11, 26; 2:9), ac eto'r Actau (5:19; 8:26; 10:3; 12:7; 27:23). Ond wrth gwrs o safbwynt Luc yr oedd esgyniad Iesu yn unigryw; ef oedd yr 'Arglwydd ar ddeheulaw Duw' (Salm 110:5) a'r 'Archoffeiriad mawr' (Heb. 4:14).

Er bod yr hanes hwn am Iesu yn unigryw, nid oedd y syniad o 'esgyniad' dyn pwysig yn un newydd i ddarllenwyr cyntaf yr Actau. Yn ôl Hans Küng yr oedd dau reswm arbennig dros hanes esgyniad Iesu:

1. Rhydd gymorth i ddeall arwyddocâd dyrchafiad y Crist atgyfodedig at y Tad nid fel ail Basg ond ar ôl iddo ymddangos i'w ddisgyblion am 40 niwrnod.
2. Y mae'n gyfle i gywiro'r syniad bod ail-ddyfodiad Crist yn agos ac i ddigwydd yn ystod bywyd y genhedlaeth gyntaf o'i disgyblion. Fe ddaw'r Ysbryd Glân i'r byd i dystiolaethu dros Grist, ac nid oeddent felly i *sefyll yn edrych tua'r nef*.

Yn ystod cyfnod y disgwyl rhwng yr Esgyniad a'r Pentecost dychwelodd y disgyblion o Fynydd yr Olewydd i'r oruwchystafell yn Jerwsalem lle bu'r Swper Olaf (adn. 12-14). Yng nghartref Ioan Marc, mae'n debyg, yr oedd yr ystafell hon ac yno yr ymddangosodd Iesu i'w ddisgyblion.

Nodwn bwyslais Luc ar dri pheth yn yr hanes yn 'Luc-Actau', gan ein bod yn eu gweld dro ar ôl tro yn yr hanes:

(a) unfrydedd a chytgord y disgyblion: yr oeddent *yn unfryd* (adn. 14), fel *credinwyr* (adn. 15,16)
(b) pwysigrwydd gweddi (adn. 14,24)
(c) lle blaenllaw i'r gwragedd yn eu plith (adn. 14)

Yn adn. 14 y ceir y cyfeiriad olaf yn yr Actau at Mair a brodyr Iesu.

Dewis Olynydd i Jwdas (1:15-26)
Rhaid oedd dewis un i gymryd lle Jwdas er mwyn i'r rhif 12 unwaith eto adlewyrchu bwriad Iesu; byddai hefyd yn arwydd o'r Eglwys fel Israel Newydd a oedd yn etifeddu cenhadaeth y deuddeg llwyth i ddwyn holl genhedloedd y byd i adnabod Duw Abraham.

Cyfiawnhaodd Pedr, eu harweinydd naturiol, y bwriad i symud ymlaen i ddewis olynydd i Jwdas drwy ddyfynnu o lyfr y Salmau (adn. 20). Y mae Luc yn hoff o droi at yr Ysgrythurau fel awdurdod i weithgareddau'r Eglwys.

Anodd iawn os nad amhosibl ydyw cysoni adroddiad Luc yma am farwolaeth Jwdas (adn. 18-19) ag un Mathew (Math. 27:3-10). Yr unig beth sydd yn gyffredin i'r ddau ydyw enw'r maes *Aceldema*. Gwelir elfen o ddemocratiaeth yn y ffordd yr aethant ati i ddewis olynydd i Jwdas o dan arweiniad Pedr. Y cymwysterau angenrheidiol oedd (i) ei fod yn un o ddilynwyr Iesu o ddyddiau bedydd Ioan hyd at yr Esgyniad, (ii) ac yn dyst o'r Atgyfodiad. Yr oedd y dull o ddewis drwy fwrw coelbrennau i ganfod ewyllys Duw neu'r duwiau yn gyffredin ymhlith y Groegiaid a'r Rhufeiniaid yn eu bywyd crefyddol a chymdeithasol a'r un modd hefyd yn hanes yr Iddewon yn yr

HD. Ni chlywir dim eto am Mathias, y gŵr a ddewiswyd, nac ychwaith am Barsabas, yr un arall a fu dan ystyriaeth.

Dyfodiad yr Ysbryd Glân (2: 1-13)
Fel y gwelwn yn aml yn yr Actau portreadir digwyddiadau a phrofiadau o bwys yn hanes y Gristnogion cynnar, sy'n cynnwys digwyddiad nodedig ac ecstatig, mewn termau cyfarwydd o'r HD; felly yn hanes dyfodiad yr Ysbryd Glan (adn. 1-4) ac ymateb y dyrfa (adn. 5-13). Wedyn cawn ddehongliad diwinyddol o hyn yn araith Pedr (adn. 14-36), sydd hefyd ynddo'i hun yn ddigwyddiad o bwys, ac yn arwain yn ddramatig at ymatebion a chanlyniadau pell-gyrhaeddol (adn. 37-42) yn nhyfiant cynnar yr eglwys.

Gŵyl ddiolchgarwch amser y Blaenffrwyth ym mis Mehefin oedd gŵyl y Pentecost i'r Iddewon, a hynny ar ddechrau cynhaeaf y gwenith a 50 niwrnod ar ôl y Pasg (adn. 1-4). Disgwylid i bob Iddew os yn bosibl ddod i Jerwsalem i'w dathlu (Lefiticus 23:15-21). Daeth y Pentecost hwn yn arwydd o flaenffrwyth gwaith yr Ysbryd Glân yn rhoi nerth i ledaenu'r Efengyl. Yn ôl rhai awdurdodau cysylltir Gŵyl y Pentecost yr Iddew ag adnewyddu'r Cyfamod rhwng Duw a Noa a Moses a rhoi'r Gyfraith ar Sinai. Arwydd eto efallai o rodd yr Ysbryd yn cymryd lle'r Gyfraith mewn Cyfamod â'r Israel Newydd, yr Eglwys.

Mae i'r gair *ysbryd* yr un ystyr yn yr Hebraeg (*ruah*) a'r Groeg (*pneuma*), sef gwynt neu anadl; yn yr HD yr oedd yn symbol o bresenoldeb Duw neu o Dduw yn gweithredu. Sonnir am wynt neu anadl yn stori'r Creu yn Genesis 1:2 a 2:7; yn hanes yr Exodus o'r Aifft (Ex. 14:21) ac yng ngweledigaeth yr esgyrn sychion (Esec. 37:9-10). Yn Ioan 3: 8 cymherir yr Ysbryd i'r gwynt yn chwythu lle y myn. Yr unig gyfeiriad arall heblaw'r Actau at dywalltiad yr Ysbryd Glân yw Ioan 20:22, ac yno fe ddigwydd ar ddydd yr atgyfodiad.

Y mae tân hefyd yn symbol o'r presenoldeb dwyfol yn y

traddodiad Iddewig, fel mewn crefyddau eraill. Yn yr HD gwelwn hyn yn hanes Moses droeon: y berth yn llosgi (Ex. 3: 2-5), croesi'r Môr Coch (Ex. 14:20), derbyn y Deg Orchymyn ar Fynydd Sinai (Ex. 19:16-18). Cyhoeddodd Ioan Fedyddiwr, "Bydd ef yn eich bedyddio â'r Ysbryd Glân ac a thân"(Luc 3:16). Ar hyd yr oesau y mae Cristnogion wedi defnyddio'r symbol o dân i ddisgrifio eu profiadau mawr ysbrydol e.e. Howell Harris yn eglwys Talgarth ar y Sulgwyn 1735: "Pan oeddwn mewn gweddi ddirgel, yn ddisymwth teimlais fy nghalon yn toddi ynof fel cŵyr o flaen y tân o gariad at Dduw fy iachawdwr." Cafodd John Wesley brofiad cyffelyb ym Mai 1738 mewn cyfarfod yn Aldersgate Street, Llundain: "Teimlais fy nghalon yn cynhesu'n rhyfeddol."

Yn ddiau y mae tipyn o chwarae ar eiriau pan gyfeirir at *dafodau o dân* a *llefaru â thafodau*. Dyma ffenomen arall sy'n nodweddiadol o rai Cristnogion o'r cychwyn cyntaf hyd at ein dyddiau ni gydag adfywiad o Bentecostaliaeth. Yr enw technegol arno ydyw *glossolalia,* pan mae pobl yng ngafael teimladau crefyddol yn yngan geiriau sydd fel arfer yn annealladwy i eraill. Gwelir cyfeiriadau at hyn yn Marc 16:17; Actau 10:46 a 19:6. Dengys Paul yn 1 Cor. 12; 14 ffordd wahanol o ddehongli *glossolalia,* sef bod llefaru â thafodau yn annealladwy heb ddawn arbennig, ac yn 1 Cor. 13:1 pwysleisia bod cariad yn bwysicach o lawer na'r ddawn hon. Braidd yn anghyffredin yn y cyd-destun hwn (2:6 a 11) yw'r ffaith eu bod yn siarad ieithoedd eraill a prin bod angen hyn oherwydd byddai'r Iddewon alltud yn deall yr hyn a ddywedid; nid oedd angen cyfieithu bellach. Ond efallai bod gan Luc ddau rheswm dros gynnwys hyn:

(i) Tanlinellu undeb y bobl, *oll yn yr un lle* (2:1) ac er eu bod yn dod o'r lleoedd a nodir yn 2:9 a 10, Iddewon y *Diaspora* (y Gwasgariad) o gwmpas y Môr y Canoldir ac Asia Leiaf oeddynt. Y pwynt ydyw bod yr Ysbryd yn gwneud yr

Efengyl yn ddealladwy i bawb yn ddiwahân.

(ii) Dyma wrthwyneb i stori Tŵr Babel lle nad oedd yr un iaith gyffredin am fod dynion yn anufudd i ewyllys Duw. Ond yn awr dan ddylanwad yr Ysbryd yr oedd undod yng Nghrist a phawb yn llefaru yr un iaith.

Sylwer ar ymateb y dorf: syndod a gwawd. Pwysleisia Luc droeon nad oedd pawb yn barod i dderbyn y neges Gristnogol. Gwireddir rhan o'r addewid yn 1:8.

Araith Pedr (2:14-30)

Yn ôl Luc dyma'r datganiad cyhoeddus cyntaf o'r Efengyl ac y mae ynghlwm wrth y Pentecost, a Pedr sydd yn llefaru ar ran yr apostolion. Gweler tud. 13 uchod am natur yr Areithiau yn yr Actau. Barn esbonwyr ceidwadol fel F. F. Bruce yw bod geiriau Pedr wedi eu croniclo mwy neu lai air am air yn gywir. Ond dylid gofio nad oedd Luc yn debyg o fod yn llygad-dyst o hyn a'i fod yn ysgrifennu genhedlaeth yn ddiweddarach na'r digwyddiad. Yr oedd yn ddiau yn defnyddio traddodiad dibynadwy. Cawn yma adroddiad o'r math o bregethu cenhadol a berthynai i'r Eglwys Fore Iddewig yn Jerwsalem. Mae'r dyfyniadau o'r HD yn seiliedig ar y Septuagint (yr HD mewn Groeg).

Cychwyn yr araith gan ateb y cwestiwn: Beth yw hyn? (adn. 14-21). Nid wedi meddwi y maent, am nad oedd ond 9 o'r gloch y bore- amser brecwast! Am ei fod yn siarad ag Iddewon defnyddiodd Pedr ddarn apocalyptaidd o lyfr Joel 2:28-32, sydd yn rhagfynegi natur yr oes feseianaidd lle daw tywalltiad o'r Ysbryd Glân ar bawb *meibion a merched* o bob oed a dosbarth.

I ddeall yr hyn sy'n digwydd mae'n rhaid wynebu'r cwestiwn sylfaenol: Pwy oedd Iesu? (adn. 22-32). Y mae neges Pedr yn dilyn y patrwm y ceir crynhoad ohono gan C. H. Dodd; fe'i gelwir yn *kerygma,* sef craidd y pregethu cynnar Cristnogol:

1. Y mae proffwydoliaethau'r HD wedi eu cyflawni, 2:7-21.

2. Gwireddwyd hyn yng ngweinidogaeth, marwolaeth, ac atgyfodiad Iesu oedd o had Dafydd, 2:25.
3. Wedi'r atgyfodiad dyrchafwyd Iesu i ddeheulaw Duw, 2:33.
4. Y mae presenoldeb yr Ysbryd Glân yn yr eglwys yn arwydd o nerth a gogoniant y Crist byw, 2:33.
5. Bydd dychweliad Crist mewn gogoniant yn dwyn i mewn yr Oes Feseianaidd, 2:34.
6. Daw apêl am edifeirwch a chynnig o faddeuant ynghyd â rhodd yr Ysbryd Glân, 2:38.

Y mae Pedr yn cadarnhau ei ddadl drwy ddyfynnu'r HD eto, y tro hwn o Salm 16:8-11, gan atgoffa'r gwrandawyr mai o ddinas Dafydd y deuai'r Meseia. Daw'r trydydd dyfyniad o'r HD yn adn. 33 a 34 o Salm 110:1, lle gwelwn y syniad fod Dafydd yn cydnabod y Meseia fel ei arglwydd ac y byddai'n preswylio yn ei ogoniant nes iddo ddychwelyd i sefydlu'r deyrnas.

Yr ymateb a'r canlyniadau (2:37-41)
Mewn atebiad i gwestiwn y bobl 'Beth a wnawn ni?' cawn y neges Gristnogol yn gryno o dan bedwar pwynt: (i) edifeirwch (ii) bedyddio, (iii) maddeuant, (iv) derbyn yr Ysbryd Glân. Nid yw addewid yr Efengyl yn gyfyngedig i'r apostolion; mae'n agored i bawb.

Gwelwn ganlyniad cadarnhaol a dramatig i araith Pedr (adn. 41); dyma'r cam cyntaf yn nhyfiant syfrdanol yr eglwys o fod yn gwmni bach mewnblyg yn Actau pen. 1 i fod yn fudiad sylweddol gydag apêl fyd-eang. Paham y nifer o 3000 tybed? Efallai i gyferbynnu â'r 3000 a gollwyd o'r hen Israel oherwydd eilun-addoliaeth gyda'r llo aur (Ex. 32:28).

Nodweddion y Gymdeithas Newydd (2:42-47)
Ni ddangosodd Luc, ar y cyfan, lawer o ddiddordeb ym mhatrwm bywyd bob dydd yr eglwys, ond cawn yn yr adnodau hyn grynodeb gwerthfawr o hynny sydd megis yn gefndir i ddigwyddiadau mwy dramatig yr hanes. Gwelwn dair elfen

newydd: dysgeidiaeth, cymdeithas a'r *torri bara* yn ogystal â'r gweddïau.

Erbyn yr amser yr oedd Luc yn ysgrifennu hyn yr oedd *torri bara* (adn. 42 a 46) yn enw technegol ar Swper yr Arglwydd, felly i Paul (e.e. 1 Cor. 10:16; 11:24), ond fe all hefyd olygu pryd o fwyd y gymdeithas (a elwir yn *Agape)* neu hyd yn oed gyd-fwyta yn gyffredinol.

Un arwydd o natur y gymdeithas arbennig hon oedd ei ffordd ymarferol o rannu eiddo (adn. 44-45). Mae'n debyg mai gwirfoddol oedd hyn ac nid gorfodol fel yng nghymuned Qumran; nid oedd ychwaith yn gyffredin yn yr eglwys fore ymhobman. Ac eto mae elfen o rannu popeth yn gyffredin yn nodweddiadol o Gristnogaeth ymhob cyfnod. Mae'r cyfeiriad at eu haddoliad cyson yn y Deml yn ogystal ac yn nhai ei gilydd yn dangos nad oeddynt wedi dieithrio oddi wrth weddill eu cyd-Iddewon. Pwysleisiodd Luc mai *cael eu hachub* yr oeddent; proses heintus a llawen oedd iachawdwriaeth, ac felly dechrau'r gwaith ydyw tröedigaeth, bedydd a dawn yr Ysbryd.

Gweithredoedd yr Apostolion (pen. 3-4)

Parheir gyda hanes yr Eglwys yn Jerwsalem trwy gofnodi rhai enghreifftiau o'r gweithredoedd gwyrthiol a wnaed gan yr Apostolion yn enw Iesu. Crynodeb ohonynt a gawn gan Luc; rhydd ddetholiad o rai nodweddiadol ac fe'u cyflwyna yn ei arddull glir a difyr.

Pedr yn iacháu'r dyn cloff wrth Borth y Deml (3:1-10)

Dyma'r wyrth gyntaf a gofnodir yn yr Actau a gwelwn yn amlwg nodweddion a gysylltir â gwyrthiau yn y Beibl ac mewn llenyddiaeth grefyddol arall y cyfnod: gosodir y cefndir, nodir difrifoldeb y clwyf, cyfarfod yr iachawr â'r claf, daw gair o orchymyn a chyffyrddiad, pwysleisir cyflymder a llwyredd y gwellhad, ac effaith hyn oll ar y sawl oedd yn dyst i'r cwbwl. Pedr ac Ioan yw prif gymeriadau'r ddwy bennod hyn, a sylwn eu bod yn ymuno â'r dorf o Iddewon crefydddol oedd yn mynychu'r Deml i'r gweddïau prynhawnol. Peth digon cyffredin oedd i'r anghenus gardota ger un o byrth y Deml. Un o nodweddion deniadol Iddewiaeth ddoe a heddiw yw'r pwysigrwydd a osodir ar elusengarwch a pharodrwydd i gynorthwyo'r difreintiedig (gw. Deut. 24:10–22). Fel yn ei Efengyl pwysleisia Luc yn yr Actau ochr ddyngarol Efengyl Crist (e.e. 9:36; 10:2; 24:17). Peth arall i'w nodi yn yr hanes hwn yw'r frawddeg yn adn. 6, *Yn enw Iesu o Nasareth*. Gwelir y fformiwla yma yn aml yn y penodau hyn. Cysylltir enw ag awdurdod a gallu yn y meddwl Iddewig (e.e. 3:16; 4:7,10,12,17-18, 30).

Mae ymateb y dorf (adn.10) yn dwysáu effaith y wyrth ar bawb: *roedd y cardotyn cloff yn adnabyddus iddynt* (3:16 a 4:22).

Araith Pedr yng Nghloestr Solomon yn y Deml (3:11-26)

Gan fod llawer o bobl wedi ymgasglu ar ôl yr iacháu (*yr holl bobl*, cofiwn bod gormodiaith yn nodweddiadol iawn o lenyddiaeth yr hen fyd), manteisiodd Pedr ar y cyfle i sôn am y *kerygma* a phwysleisio mai gwaith Duw ac nid dynion oedd yr iacháu; gwnaeth hyn o fewn ffiniau'r Deml, man poblogaidd i'r Iddewon ddadlau. Mae adlais o'r HD yn araith Pedr wrth gyfarch ei wrandawyr fel *Israeliaid* a chyfeirio at *Dduw Abraham ac Isaac a Jacob, Duw ein tadau ni*, (gw. Ex. 3:6,15).

Defnyddir yma deitlau nodedig am Iesu:

(i) adn. 13 *wedi gogoneddu ei Was*, a geir yma yn unig yn y TN ac yn adleisio Eseia 52:12 a 53:12 'Y Gwas Dioddefus'.

(ii) adn.14 *gwadasoch yr Un sanctaidd a chyfiawn*, ansoddeiriau a welir yn anfynych iawn yn y TN.

(iii) adn. 15 *Lladdasoch Awdur Bywyd*. Awdur yn y cyd-destun yma ag ystyr arwr, arweinydd, gwaredwr, ac yn ein hatgoffa o emyn Ann Griffiths 'claddu'r Atgyfodiad Mawr' gwrthddywediad rhyfeddol.

Pwysleisia adn. 17 anwybodaeth yr Iddewon *fel eich llywodraethwyr hwythau,* a'i gymryd fel rhyw fath ar esgus dros wrthod Iesu. Yn adn. 13 cyfeirir at ymdrech Peilat i ryddhau Iesu, fel yn Luc 23:4,14,15,20,22, a hynny'n gryfach a mwy pendant nag a wneir gan Mathew neu Marc.

Cyfeiriad at y Parousia, ail-ddyfodiad Crist, a gawn yn y brawddegau diddorol yn adn. 20 *dymhorau adnewyddiad* ac adn. 21 *hyd amseroedd cyflawni*; ond nid oes awgrym bod hyn ar fin digwydd.

Diweddir yr araith ar nodyn cadarnhaol: yr hyn sydd ar gynnig i bobl Jerwsalem ydyw cyflawni eu hetifeddiaeth fel *plant y proffwydi* ac fel *plant y Cyfamod*. Er bod bendith Duw yn cael ei chynnig i holl dylwythau'r ddaear, i Israel y daw'r cynnig cyntaf.

Pedr ac Ioan yng Ngharchar ac o flaen y Sanhedrin (4:1-22)

Wedi cyflawni'r wyrth, yn naturiol tyrrodd y bobl o gwmpas Pedr ac Ioan yng nghynteddau'r Deml. Daeth awdurdodau'r Deml a'r Sadwceaid allan i'w tawelu; disgynyddion oedd y Sadwceaid o'r hen deuluoedd aristocrataidd offeiriadol, ac yn barod iawn i gyd-weithio gyda'r awdurdodau Rhufeinig er mwyn diogelu eu safle breintiedig. Plaid cyfraith a threfn sydd yn gweithredu felly. Pum llyfr Moses yn unig oedd sail eu cred ac felly gwadant y syniad o'r atgyfodiad a'r traddodiadau mwy diweddar oedd mor bwysig i'r Phariseaid. Dyna pam y cyfeirir at yr Atgyfodiad yn adn. 2.

Yn ôl adn. 4 dal i dyfu yr oedd yr eglwys, a'r ymateb yn gadarnhaol i'r *gair*, un o hoff ymadroddion Luc i ddisgrifio pregethu'r Efengyl (gw. Luc 1:2). Cyrhaeddodd nifer y credinwyr y rhif o *rhyw bum mil,* a hynny efallai yn adlais o hanes porthi'r pum mil yn Luc. 9: 14.

Ar ôl noson yn y carchar dygwyd y ddau apostol gerbron y Sanhedrin, Cyngor yr Iddewon oedd yn cynnwys 70 o aelodau, gyda'r Archoffeiriad yn Llywydd; offeiriaid oedd y *llywodraethwyr,* arweinwyr teuluoedd blaenllaw oedd yr *henuriaid* a'r ysgolheigion rabbinaidd a Phariseaid ar y cyfan oedd yr *ysgrifenyddion*. Ond, a bod yn fanwl gywir, cyn-archoffeiriad oedd Annas (6-15 OC) ac yr oedd wedi ei olynu gan ei fab-yng-nghyfraith Caiaffas (18-36 OC) ac wedi hynny gan aelodau eraill o'i deulu. Efallai mai rhyw gyfarfod *ad hoc* oedd hwn wedi ei ffurfio gan deulu Annas.

Mewn atebiad i gwestiwn y Cyngor yn adn. 7 aeth Pedr yn ôl i'r lle roedd ei araith yn gorffen, a honni mai *trwy enw Iesu Grist o Nasareth* y digwyddodd y wyrth. Tarddiad eu nerth hwy oedd Iesu a groeshoeliasant hwy. Cawn eto eiriau'r *kerygma* ac i gloi testun-brawf o'r HD, sef Salm 118:22. Gorffennodd Pedr ei araith gan hawlio lle unigryw i Grist (adn.12), a hynny'n fwy pendant ac uniongyrchol nag a wnaed hyd yma.

Yn ôl at y Credinwyr (4:23-31)

O 3:1 i 4:22 mae'n ymddangos bod Pedr ac Ioan wedi bod yn gweithredu ar eu pennau eu hunain. Ond mewn gwirionedd gweithio dros y Gymuned Gristnogol yr oeddent, ac yn awr maent yn dychwelyd at eu pobl. Wedi iddynt adrodd peth o hanes y carcharu a'r ryddhau, ymunodd y gymuned â hwy mewn gweddi. Defnyddia Luc y weddi i roi esboniad ar rediad y stori. Dyma enghraifft o Luc yn ysgrifennu yn null dramatig hanesydd cyfoes yn hytrach na rhoi adroddiad ffeithiol yn null hanesydd heddiw. Mae'r weddi yn dechrau mewn dull Iddewig yn cyfarch Duw yr HD fel Creawdwr (adn. 24) ac fel Arglwydd hanes (25*b*, 26) gan ddyfynnu Salm 2:1,2. Symudir yn adn. 27 i'w hatgoffa mai yn ôl cynllun Duw y digwyddodd y pethau oedd yn gnewyllyn eu hefengyl. Mae'n debyg bod Herod a Pilat yn enghreifftiau o'r brenhinoedd y cyfeiriwyd atynt yn y Salm (adn. 26). Luc yn unig a rydd hanes y cymodi rhwng Herod a Pilat adeg y croeshoeliad (Luc. 23:12). Bron yn ail Bentecost, mae ymweliad yr Ysbryd o'r newydd yn cadarnhau profiad yr Apostolion eu bod ar y trywydd iawn yn ôl gair Duw; mae dyfodol y Mudiad Cristnogol newydd hwn yn ddiogel yn nwylo Duw.

Popeth yn gyffredin (4:32-37)
Cawn yma grynhoad tebyg ond ychydig llawnach na'r un yn 2: 44-47. Ychwanegwyd manylion am yr arian a gaed o werthu eiddo Cristnogion cefnog er mwyn helpu'r tlodion. Yr oedd y Cristnogion yn Jerwsalem yn dal i fyw yn eu cartrefi eu hunain (gw. 2:46 a 5:42); nid oeddynt yn ymneilltuo yn fynachod fel Cymuned Qumran. Y pwyslais yn adn. 34 oedd bod y sawl oedd â digon o eiddo yn ei werthu er mwyn creu cronfa i rannu elusen fel 'ni fydd byth dlotyn yn eich plith' (Deut. 15:4).

Rhydd hanes Barnabas (adn. 36-37) esiampl ardderchog o'r defnydd delfrydol o gyfoeth. Mewn ffordd gynnil, hollol nodweddiadol o arddull Luc, cyflwynir cymeriad hoffus Barnabas, a oedd yn uchel ei barch gyda'r Apostolion fel y gwelwn ymhellach ymlaen, gw. 9:26-30.

Wynebu Problemau Cynnar (5:1-42)
Yn gynnar yn ei hanes bu'n rhaid i'r Cristnogion cynnar wynebu rhai problemau, rhai oddi mewn i'r gymuned ei hunan, ac eraill oherwydd cynnydd y gwrthwynebiad o'r tu allan.

Ananias a Saffeira (5:1-11)
Gyda'r bennod hon cawn newid cywair o'r darlun braf o fywyd yr eglwys a gyflwynwyd yn 2:42-47 a 4:23-37. Troir yn awr at hanes dychrynllyd am gelwydd, twyll a marwolaeth, hanes a gyflwynir yn fedrus gan Luc trwy ddefnydd cryno o hanesion a delweddau.

Stori frawychus ac anodd i'w dehongli yw'r un am Ananias a Saffeira. Y mae'n anesmwytho'r meddwl Cristnogol heddiw yn fwy nag unrhyw ran arall o'r TN. Ymateb y nofelydd Saesneg P. D. James, er enghraifft, yw bod y gosb o farwolaeth yn gwbl anghyson â'r syniad o Dduw cariad a thosturiol. Efallai bod Luc yn y fan hyn wedi dibynnu ar rhyw draddodiad neu'i gilydd na wyddom pa mor dibynadwy ydoedd. Cofiwn nad oedd unrhyw orfodaeth i werthu eiddo er mwyn rhoi yr arian i helpu rhai anghenus ymhlith y gymuned Cristnogol. Gwraidd pechod Ananias a Seffeira oedd y cynllwynio i dwyllo, nid atal rhywfaint yn ôl. *Dweud celwydd wrth yr Ysbryd Glân* a wnaethant yn ogystal â thwyllo'r gymdeithas Gristnogol. Mae'r hanes yn atgoffa'r darllenwyr o hanesyn cyffelyb yn yr HD am Achan yn cadw rhywfaint o'r 'diofryd', pethau gwaharddiedig, gyda chanlyniadau angheuol (Jos. 7:1-26). Yn eironig, ystyr yr enw Ananias yw 'Mae Iawe yn rasol' ac ystyr Saffeira yw 'Prydferth'. Dywed Pedr mai Satan oedd wedi llenwi ei galon, fel y gwnaeth yn wir i Jwdas (Luc 22:3). Agwedd ddiddorol arall ar yr hanesyn hwn ydyw'r pwyslais ar awdurdod a dirnadaeth Pedr ym materion ysbrydol yr eglwys. Yn 5:11 defnyddir y gair *eglwys* (*ecclesia* yn y Groeg, gyda'r ystyr gwreiddiol 'cynulliad') am y tro cyntaf i gyfeirio at yr holl aelodau lleol yn Jerwsalem.

Effaith hyn i gyd, fel gyda'r gwyrthiau iacháu, yw creu *ofn mawr*, y parchedig ofn gerbron y dwyfol, y numinws chwedl Rudolf Otto.

Arwyddion a Rhyfeddodau (5:12-16)

Yn yr adran hon cawn esiampl arall o batrwm Luc yn yr Actau yn rhoi math ar grynodeb 'concertina' o hanes datblygiad yr eglwys a'i dylanwad cynyddol. Yn awr am y tro cyntaf mae'n ymestyn i'r *trefi o amgylch Jerwsalem* (adn. 16). Fel yn 3:11 mae'r Cristnogion yn cyfarfod yng Nghloestr Solomon yn y Deml gan nad oedd ganddynt eto eu lle neu eu hadeilad eu hunain. Dengys y cyfeiriad at *luoedd o wŷr a gwragedd* (adn. 14) gonsyrn Luc am le'r merched, nodwedd amlwg o'i Efengyl yn ogystal â'r Actau.

Disgrifir effeithiolrwydd a phoblogrwydd y weinidogaeth iacháu yma mewn termau sydd yn atgoffa'r darllenwyr o waith Iesu ei hun, e.e. Luc: 4:40-41; 6:18-19 a gallu Pedr i iacháu cleifion mor effeithiol fel nad oes raid iddo eu cyffwrdd (cymh. Luc 7:1-10 a 8:43-44).

Erlid a charchar eto (5:17-26)

Mae'r gwrthwynebiad i'r Cristnogion yn codi eto o gyfeiriad y Sadwceaid, y tro hwn o achos eu heiddigedd am eu bod mor boblogaidd. Felly anfonwyd yr Apostolion i'r ddalfa. Fe'u rhyddhawyd oddi yno; un ai mae'r angel a'u rhyddhaodd yn arwydd bod rhywbeth gwyrthiol wedi digwydd, fel y gwelwn ar ddau achlysur arall (12:6-11 a 16:25-34), neu o bosibl fod un o warchodwyr y carchar mewn cydymdeimlad â'r Cristnogion wedi eu rhyddhau.

Sylwn ar y cyferbyniad rhwng eofndra'r apostolion yn pregethu yn y Deml a dryswch awdurdodau'r Deml. Ceir cyferbyniad hefyd rhwng y pwyslais deheuig a rydd Luc ar y gwrthwynebiad cas a gawsant ar naill law a chefnogaeth frwdfrydig y bobl i'r Cristnogion ar y llaw arall. *Y Bywyd hwn* (adn. 20) yw un o'r enwau a roddai'r eglwys fore ar y ffydd Gristnogol.

Prawf arall a chyngor Gamaliel (5:27-42)

Y mae'r ail dreial (5:27-32) yn debyg i'r un cyntaf, ond y tro yma y cyhuddiad yw anufudd-dod i orchymyn y Sanhedrin iddynt beidio â phregethu (adn. 28). Y mae ateb Pedr yr un mor bendant y tro hwn eto (adn. 29), ac yn debyg i'r athronydd Socrates a'r proffwyd Daniel, sef mai derbyn gorchymynion oddi wrth awdurdod uwch y mae'r apostolion, ac nid ydynt felly'n atebol i gyngor dynion. Aeth Pedr ymlaen i gyhoeddi neges sylfaenol y *kerygma* a welwyd yn ei bregethau cyn hyn. Elfen newydd yw'r disgrifiad o lofruddio Iesu *trwy ei grogi ar bren* (brawddeg o Deut. 21:22-23 a ddefnyddiodd Paul hefyd yn Gal. 3:13) wrth roi'r bai am farwolaeth Iesu ar yr awdurdodau Iddewig. Ond dyrchafodd Duw ef i fod ar ei ddeheulaw i sicrhau ryddhad i Israel drwy gynnig edifeirwch a maddcuant.

Wrth glywed hyn gwylltiodd aelodau'r Sanhedrin yn gandryll, ac yr oeddent am ladd yr apostolion, ac y mae'n bosibl y buasent wedi gwneud hynny onibai am Gamaliel, gŵr oedd yn enwog fel ysgolhaig, doethur yn y Gyfraith ac aelod blaenllaw o sect y Phariseaid o tua 25 i 50 OC . Yn ôl Actau 22:3 bu'n athro ar Paul. Perthynai Rabban (teitl ar Rabbi uchel iawn ei barch) Gamaliel i adain ryddfrydol Iddewiaeth yn nhraddodiad Hillel, ei daid. Awgrymodd bod y Cyngor yn oedi cyn gweithredu a gadael y cyfan i Dduw. Cynnwys ei eiriau yn adn. 38 a 39 gwestiwn allweddol i holl hanes yr Actau: *os o ddynion y mae'r bwriad hwn, fe'i dymchwelir; ond os o Dduw y mae, ni fyddwch yn abl i'w ddymchwelyd.* Dyma bwynt sy'n dal yr un mor rymus i'r eglwys ac i'r byd heddiw fel ymhob oes!

Cwyd problem parthed yr enghreifftiau y cyfeirir atynt yn adn. 36 a 37. Soniodd Ioseffws (yn *Hynafiaethau* 20:97-98, 102) am Theudas a Jwdas yn yr un drefn. Os mai'r un Theudas ydyw â hwnnw, fe arweiniodd wrthryfel yn erbyn awdurdodau Rhufeinig yn amser Ffadus, rhaglaw ym Mhalestina 44-46 OC, tua 10 mlynedd yn ddiweddarach na dyddiad yr hanes honedig hwn a ysgrifennwyd gan Luc ac sy'n cyfeirio at ddigwyddiad cyn marwolaeth Herod yn 44 OC. Ond y mae'n bosibl bod gwrthryfelwr arall o'r un enw wedi bod yn llawer cynt. Roedd Theudas yn enw digon cyffredin yr adeg honno.

Digwyddodd gwrthryfel Jwdas yng nghyfnod cyfrifiad Quirinius yn 6 OC. Cyhoeddodd y Jwdas hwn na ddylid talu treth i Gesar, ond trechwyd ef gan y Rhufeiniaid. Olynwyr i Jwdas oedd y Selotiaid, mudiad o genedlaetholwyr tanbaid a brofodd yn her i'r Rhufeiniaid wedi hynny. Cofiwn bod cyfnod y TN yn un treisgar a pheryglus ym Mhalestina. Beth bynnag am y manylion hanesyddol hyn deil gosodiad Gamaliel bod unrhyw weithred nad yw o Dduw yn siwr o fethu yn wir yng ngolwg Luc.

Felly perswadiodd Gamaliel y Cyngor i ollwng yr apostolion yn rhydd ond dyfarnwyd eu bod i gael eu fflangellu (adn.40), cosb greulon o 39 llach oedd yn ddigon i ladd ambell un. Eto i gyd yr oedd *llawenydd* (adn. 41) yr apostolion yn rhoi hygrededd iddynt yng ngolwg y bobl Iddewig fel merthyron *yn deilwng i dderbyn amarch er mwyn yr Enw*. Gorffennir y rhan yma gyda sicrwydd bod eu heofndra yn gadarn; cyhoeddant yr Efengyl yn ddyfal nid yn unig yn y Deml ond hefyd *yn eu tai*.

II. ERLEDIGAETH A CHYNNYDD (6:1-9:31)

Gyda'r twf oedd yn digwydd yn hanes yr Eglwys yr oedd symud allan o gyffiniau Jerwsalem yn anochel, a'r un pryd yr oedd pobl Groeg eu hiaith yn dod i mewn i'w rhengoedd. Arweiniodd hyn i gryn anawsterau ac i gyfnod o erledigaeth. Try'r penodau hyn o amgylch tri o gymeriadau pwysig yn hanes y cyfnod.

Steffan (6:1-8:1*a*)

Penodi'r Swyddogion Cyntaf (6:1-7).
Cododd helynt yn y cymunedau Cristnogol yn Jerwalem oherwydd anghytgord rhwng dwy garfan ymhlith aelodau'r eglwys: ar y naill law yr oedd Iddewon gyda Groeg yn brif iaith iddynt, ac ar y llaw arall Iddewon yr oedd Hebraeg neu Aramaeg yn brif iaith iddynt. Hawdd deall sut yr oedd gwahaniaethau diwylliannol a chymdeithasol yn bod rhwng y ddwy garfan, fel yn wir sy'n digwydd heddiw mewn ambell i gylch ac ardal rhwng Cymry Cymraeg a Chymry di-Gymraeg.

Yn y synagog Iddewig yr oedd swyddogion a elwid yn *dderbynwyr elusennau*. Mae'n amlwg bod yr eglwys wedi mabwysiadu cynllun tebyg er mwyn helpu'r anghenus yn eu plith a gwragedd gweddwon yn arbennig. Cwyn yr *Iddewon Groeg eu hiaith* oedd nad oeddent yn derbyn cyfran deg o'r gronfa. Felly gwahoddodd y Deuddeg, sef arweinwyr yr Eglwys, i'r aelodau ddewis saith i arolygu'r gwaith yn deilwng ac yn deg. Yr oedd dewis gweithwyr i'r rhan yma o weinidogaeth yn un pwysig ac yr oedd yr ymgeiswyr eisoes *yn llawn o'r Ysbryd a doethineb*. Enwau Groegaidd oedd i'r saith a ddewiswyd, ac y mae'n fwy na thebyg mai arweinwyr ymhlith *yr Iddewon Groeg eu hiaith* oeddynt; ni olygai hyn o angenrheidrwydd eu bod o'r *Diaspora* (y Gwasgariad), gan y byddai rhai o Iddewon Palestina hefyd yn medru siarad Groeg. Sylwn bod amrywiaeth iaith a diwylliant a chefndir cymdeithasol wedi bodoli yn yr Eglwys Gristnogol o'r cychwyn; dyma ran o'i chryfder, ond yn aml iawn mae hyn wedi arwain hefyd at rywfaint o dyndra.

Disgrifir yr olaf a enwir, Nicolaus, fel *proselyt o Antiochia*. Ystyr proselyt oedd unrhyw un o blith y cenhedloedd oedd wedi derbyn y grefydd Iddewig gyda'i holl ddefodau. Digon rhesymol felly yw casglu bod y chwech eraill yn helenistiaid. Mae hen draddodiad yn cysylltu Luc ei hun ag Antiochia. Steffan a Philip yw prif gymeriadau'r penodau nesaf, sef pen. 7 a 8. Ni chlywir gair yn rhagor am y pedwar arall. Trosglwyddodd yr apostolion awdurdod i'r saith trwy weddi ac arddodiad dwylo, arferiad cyffredin ymhlith Iddewon a chenhedloedd eraill i gyflwyno grym gan un person i un arall, ac arwydd o fendith.

Cyfeiria adn. 7 at nifer mawr o offeiriaid yn troi at y ffydd, ond dyma'r yr unig sôn am hyn yn yr Actau.

Steffan gerbron y Sanhedrin (6:8-7:1)

Ni ellir gorbwysleisio pwysigrwydd Steffan yn hanes yr Eglwys Fore nid yn unig fel ei merthyr cyntaf ond hefyd am ei weledigaeth fod yr Efengyl nid yn unig i'r Iddewon ond hefyd i'r byd cyfan. Dangosodd yn eglur y gwahaniaeth sylfaenol rhwng Iddewiaeth a Christnogaeth. Yng ngeiriau William Neil mae ef yn sefyll hanner ffordd rhwng ceidwadaeth y Deuddeg a radicaliaeth yr Apostol Paul.

Nid awdurdodau'r Deml oedd yn gwrthwynebu Steffan ond aelodau o gymunedau'r *Diaspora* (y Gwasgariad) a sefydlodd yn Jerwsalem (6:9). Daw'r gair *Libertiniaid* o'r Lladin 'libertini' am gaethion neu weision rhydd, a daeth yn enw am grŵp o

Iddewon o'r Eidal a ymgartrefodd yn Jerwsalem. Ceir tystiolaeth bod o leiaf un synagog ar gyfer yr Helenistiaid yn y ddinas. Pwrpas synagog, wrth gwrs, oedd darllen a dehongli'r Gyfraith, ond roedd hefyd yn ganolfan gymdeithasol a diwylliannol. Y Deml oedd y brif ganolfan i addoli.

Cyhuddwyd Steffan o gabledd *yn erbyn Moses a Duw* a'i agwedd amheus at y Deml; gosodwyd gau-dystion yn ei erbyn, fel yn hanes Iesu (Marc 14:56-58). Yn adn. 15 y mae'r geiriau *ei wyneb ef fel wyneb angel* yn atgoffa'r darllenwyr o hanes proffwydi mawr eraill yn y Beibl, e.e., Gen. 33:10; 2 Sam. 14:17 ac yn bennaf o Moses ar ôl ei gyfarfyddiad â Duw ar Sinai (Ex. 34:29-35). Y mae hyn yn baratoad ar gyfer araith ysbrydoledig Steffan a'i weledigaeth yn 7:55.

Araith Steffan (7:2-53)

Y ffordd orau i unryw genedl ei deall ei hunan a chadw'n fyw ydyw trwy adrodd ac ail-adrodd ei hanes a'i stori. I Israel yr hyn oedd yn ganolog oedd hanes y patriarchiaid, yr exodus a'r daith drwy'r anialwch. Dyna paham mae cymaint o'r Torah (Cyfraith Moses) ar ffurf storïau a phrif ŵyl yr Iddew, sef Y Pasg, yn ail-fyw profiad yr exodus. Rhaid cofio hyn wrth geisio gwerthfawrogi a dehongli araith Steffan: mor rymus oedd yr hanes i'r Iddewon. Mae hefyd yn oll-bwysig wrth edrych ar y meta-naratif Gristnogol.

Mae dwy thema i'r Araith:

(i) Gwrthod derbyn gweision Duw: Joseff (7:9); Moses (7:23-29, 35,39; a'r Proffwydi (7:52), ac yn uchafbwynt, Iesu, yr *Un Cyfiawn*.

(ii) Gwrthod y syniad o'r Deml fel cyfrwng i sicrhau Presenoldeb Duw. Mae'r rhan helaethaf o'r araith yn sôn am y cyfnod cyn adeiladu'r Deml (7:2-46) ac wedyn yn ensynio bod agwedd y rhai a'i cyhuddai ef tuag at y Deml yn ymylu ar eilun-addoliaeth (7:48).

Hon yw'r araith hiraf yn yr Actau ac fel yr awgrymwyd eisoes mae'r ffordd mae Steffan wedi dethol hanesion gyda phwyslais diwinyddol arbennig yn dangos naws sydd yn wahanol ei natur i areithiau Pedr. Cred rhai esbonwyr bod Luc wedi defnyddio ffynonellau Helenistaidd neu Antiochaidd yma.

Dyma grynodeb o gynnwys yr araith gydag ychydig o sylwadau:

(i) Hanes Abraham (7:2-8)
Fel yng ngweddill y TN, cydnabyddir Abraham yn gyndad ysbrydol i gredinwyr Iddewig a Christnogol. Ond y prif actor yn y ddrama yw Duw, yn gorchymyn (adn. 3), yn symud (adn. 4), yn rhoi (adn. 5,8), yn addo (adn. 5). Rhoddir pwyslais felly ar ffydd Abraham yn addewidion Duw fel y gwelir yn Genesis 12:7; 13:15 a 15:13. Rhoddion gras Duw ydyw'r Cyfamod a'r Enwaediad.

(ii) Hanes Joseff a sut y cyrhaeddodd yr Israeliaid yr Aifft (7:9-16)
Try Steffan wedyn at hanes Joseff ac ymfudiad Jacob a'i dylwyth i'r Aifft a arweiniodd at y cyfnod o alltudiaeth yno, *ond yr oedd Duw gydag ef* (7:9). Yr oedd hanes Joseff yn llawn o arwyddocâd arbennig i Iddewon y *Diaspora* (y Gwasgariad). Yr oedd ef wedi gorfod byw yn alltud o'i wlad ei hun, ac eto wedi llwyddo mewn amgylchfyd paganaidd i beidio â chyfaddawdu ei ffydd ac *yr oedd Duw gydag ef*. Dyma neges o gysur hefyd i Gristnogion cyfnod Luc oedd yn byw mewn ansicrwydd ac o dan fygythiad erledigaeth. Fel yn hanes Iesu bradychwyd Joseff gan ei frodyr, wynebodd gyfyngderau ac achubodd Duw ef (adn. 10) a'i alluogi i achub ei bobl.

Yn 7:11-15 cawn grynodeb o'r hanes adnabyddus yn Gen. 41:53 - 47:28, heb angen ychwanegiadau i egluro'r themâu uchod. Digon agos ydyw'r rhif yn 7:14 i'r hyn a welwn yn Gen. 46:27 ac Ex. 1:5.

(iii) Hanes Moses (7:17-43)

Dechreuir gyda hanes geni gwaredwr (adn. 17-22). Yn ôl adn.17 cyflawnwyd yn yr Exodus yr addewid a wnaed gan Dduw i Abraham; syniad Iddewig yn hytrach na Christnogol yw hwn. Y mae adn.19*a* yn grynhoad o Ex. 1:8-14 ac adn 19*b* gydag ymosodiad ar blant yn seiliedig ar Ex. 1:15 -22.

Arferiad cyffredin yn yr hen fyd ymhlith y cenhedloedd oedd gadael babanod newydd eu geni allan heb gysgod i farw, yn enwedig genethod. Mae Philo (tua 20 CC i 50 OC), a oedd yn ysgolhaig enwog ymhlith yr Iddewon Helenistaidd,yn ei lyfr *De Vita Mosis* yn ategu'r pwynt a wnaed yn adn. 22 bod magwraeth ac addysg Moses ym mhalas Pharo yn gyfle gwych iddo elwa ar y gorau y medrai'r byd paganaidd cyfoes ei gynnig.

Ar ôl y dechreuad addawol hwn i'w fywyd, yn eironig methiant yn arwain i waradwydd sydd yn dilyn ymgais gyntaf Moses i helpu ei bobl ei hun (7:23-29). Gwelir yr hanes yn Ex. 2:11-15. Ond yma yn araith Steffan ymddengys bod Moses yn gwybod yn barod mai efe fyddai'n cael ei benodi gan Dduw i ddod â gwaredigaeth i'w bobl. Portreadir Moses fel prototeip o Iesu a anfonwyd fel gwaredwr ond a wrthodwyd gan y sawl y daeth i'w hachub. Alltud oedd Moses yn Midian, ar arfordir dwyreiniol Gwlff Acaba (adn. 29), lle ganwyd ei ddau fab Gersom (Ex. 2:22; 18:3) ac Elieser (Ex 18:4).

Ymddangosodd Duw i Moses a'i alw yn waredwr i'w bobl (7:30-38). Ail-adroddiad o Ex. 3:1-10 sydd yn adn. 30-34: fel yn hanes Abraham, mae'r weledigaeth o angel (adn. 30) a'r llais dwyfol (adn. 31) yn dwyn ymateb o ryfeddod (adn. 31) a braw (adn. 33) gan Moses. O gyfeiriad Duw y daw'r waredigaeth: *Gwelais . . . a chlywais . . . a disgynnais i'w gwaredu*. Ond *y Moses hwn* (adn. 35), y gwrthodedig, a ddewiswyd gan Dduw i'w anfon *yn llywodraethwr ac yn rhyddhawr* gan wneud *rhyfeddodau ac arwyddion* (adn. 36). Yn ddiau mae galwad Moses yn hanes y berth yn llosgi yn cyfateb i'r llais yn hanes bedyddio Iesu ac erbyn adn. 35 y mae'r gyffelybiaeth rhwng Moses a Iesu yn amlwg i'r Sanhedrin. Mae'r dyfyniad o Deut. 18:15 yn adn. 37 yn oll-bwysig i'r darllenydd er mwyn deall syniad Luc o natur person Crist (gw. 3:22 a Luc. 24:19).

Symbol ydyw angel o'r presenoldeb dwyfol (adn. 30 a 38) ac mewn Iddewiaeth ddiweddar credent bod angylion yn gyfryngau i gyflwyno'r Gyfraith, yn *oraclau byw* (adn. 53).

(iv) Israel yn cefnu ar Dduw yn yr anialwch (7:39-43)

Gwelwn newid cywair yn yr araith yn awr o Moses i *ein hynafiaid* a'u hanufudd-dod a'u gwrthgiliad; nid yn erbyn Moses a'i ddysgeidiaeth y mae'n pregethu ond yn erbyn y rhai oedd yn gyson yn gwrthod ufuddhau iddynt. Eilun-addoliaeth, fel yn hanes y llo aur (adn. 40) ydyw'r prif bechod. Pwysleisia hyn drwy ddyfynnu o Amos 5:25-27, lle cysylltir eilun-addoli'r llo aur ag addoliad y planedau fel duwiau, a fu'n arwain, yn ôl Jeremeia, at achosi'r gaethglud a thranc Israel fel gwlad annibynnol. Yn y Septuagint mae "tu hwnt i Fabilon" yn cymryd lle *tu hwnt i Damascus*.

Y Tabernacl a'r Deml (7:44-50)

Mae'n debyg mai'r hyn sydd gan Steffan dan sylw yma yw bod y Tabernacl yn yr anialwch, a wnaeth Moses mewn ufudd-dod i'r patrwm a roddwyd gan Dduw (adn. 44), yn nes at ewyllys Duw na theml Solomon, er gwaethaf y ffaith i Dafydd geisio caniatâd Duw i godi'r Deml (adn. 46, cymh. 2 Sam. 7:1-16). Cydnabu Solomon oferedd codi tŷ i Dduw (adn. 48, cymh. 1 Bren. 8:27). Yn ddiau mae Steffan yn gwneud yn fawr o'r ffaith bod Iddewon y *Diaspora* (y Gwasgariad) yn ddigon ansicr parthed gwerth y Deml, fel y gwelir yn yr Ysgrythurau, e.e. y dyfyniad hwn yn adn. 49 o Es. 66:1-2.

Diweddir y bregeth gydag ymosodiad ffyrnig ar y bobl, ar linellau neges y proffwydi, am eu hanffyddlondeb ac am wrthod gwaredwyr gan gynnwys y Meseia ei hun (7:51-53). Yr oeddent *yn gwrthwynebu'r Ysbryd Glân* wrth wrthod Moses, y proffwydi, ac yn awr y proffwyd cyffelyb i Moses (Es. 63:10).

Lladd Steffan (7:54-60)
Hawdd deall pam bod gwrandawyr Steffan wedi cynddeiriogi, a disgrifiodd Luc eu hymateb mewn termau dramatig. Cyhuddwyd hwy o fod yn ddienwaededig o galon a chlust, yn gwrthwynebu'r Ysbryd Glân, ac yn erlid y proffwydi. Ar ben hyn i gyd roedd Steffan yn dilorni cwlt y Deml.

Yna yn adn. 55-56 daw disgrifiad cynnil ond eglur o weledigaeth Steffan, sef gweledigaeth o ogoniant Duw sydd o'r un ansawdd â phrofiad Abraham (7:2) a Moses (Ex. 33:18-23). Ond i Steffan mae'r *nefoedd yn agored* ac yn cynnwys ffurf Iesu ei hun *ar ddeheulaw Duw*, h.y. yn y safle o anrhydedd uchaf, cadarnhâd bod y Gwaredwr a wrthodwyd mewn gwirionedd yn *Un Cyfiawn* Duw.

Llabyddio oedd y gosb mewn achos o gabledd yn ôl Lef. 24:11-16. Nid yw'r esbonwyr yn cytuno ai dedfryd swyddogol y Sanhedrin oedd hyn ynteu gwaith dynion penboeth yn gweithredu yn ysbryd cyfraith y cortyn, yn *lynch mob*. Sonnir am Saul fel un o'r tystion, a hynny gyda golwg ar ei amlygrwydd yn nes ymlaen. Gwelwn yma gymhariaeth lenyddol rhwng merthyrdod Steffan a dienyddiad Crist: *a llais uchel* a'r weddi am faddeuant 7:60, cymh. Luc 23:34 a 46; ond y mae Steffan yn cyflwyno ei ysbryd i'r Crist dyrchafedig (adn. 59).

Pwysigrwydd Bywyd a Gwaith Steffan
Y mae i Steffan ran hollbwysig yn natblygiad thema Llyfr yr Actau am hanes twf yr Eglwys o fod yn fudiad Iddewig yn Jerwsalem i ddod yn gymdeithas Gristnogol yn y byd cenhedlig. Oherwydd yr erledigaeth ar ddilynwyr Steffan yn Jerwsalem, ffoisant i ardaloedd Jwdea a Samaria gan arwain at waith cenhadol Philip yn Samaria, Pedr yn Jwdea, ac eraill yn Antiochia, Syria a Chyprus. Hefyd credir bod Steffan yn gyfrwng i ddod â Saul at Grist; yn ôl Awstin Sant gweddi Steffan oedd yn allweddol yn hyn. Yng ngeiriau enwog Tertullian, 'Gwaed y merthyron yw had yr eglwys'.

Nid hybu gwrth-Iddewiaeth oedd amcan Luc yn y ffordd y gosododd araith Steffan ond yn hytrach calonogi eglwysi ei gyfnod ef ei hun gyda'r argyhoeddiad bod yr Ysbryd Glân gyda Christnogion dan ormes a bod Duw yn galw arweinwyr fel Steffan ymhob cyfnod er mwyn hyrwyddo gwaith yr Efengyl.

Philip (8:1*b*-40)

Y mae'r adran hon, ac yn wir y cyfan o benodau 8-12, yn pontio hanes yr eglwys yn Jerwsalem (pen. 1-7) gyda hanes teithiau cenhadol Paul (pen. 13-28).

Erledigaeth a Chyflwyniad i Saul (8:1-4)

Dyma un o'r darnau lle mae Luc yn telesgopio hanes y cyfnod nesaf yn ei stori; hynny yw, y mae'n crynhoi digwyddiadau yn effeithiol heb fawr o ddiddordeb parthed manylion am amser a dilyniant y digwyddiadau; yr oedd hyn yn nodweddiadol o ddull haneswyr yr oes honno.

Bu erledigaeth ffyrnig ar Gristnogion (adn. 1), a hynny gan yr Iddewon Helenistaidd mae'n debyg; ond yr oeddent yn gadael llonydd i'r apostolion yn Jerwsalem. Y mae'r cyfeiriad yn adn.2 at gladdu corff Steffan yn ôl defod Iddewig gan wŷr duwiol yn ein hatgoffa o weithred Joseff o Arimathea yn claddu corff Iesu (Luc 23:50-51).

Gair cryf iawn ydyw'r gair *anrheithio* (adn. 3) a ddefnyddir yma am Saul yn erlid yr Eglwys; gair ydyw sy'n disgrifio anifail gwyllt yn llarpio. Cyfaddefodd Paul hyn ymhellach ymlaen, e.e., 9:21; 22:4; 26:10-11 a Gal. 1:13. Ceir cyfeiriad yma hefyd (adn. 4) at Gristnogion anhysbys a fu'n gyfrifol am arloesi'r ffordd ar gyfer yr arweinwyr mawr yn y genhadaeth: Pedr, Philip a Paul.

Cenhadaeth Philip yn Samaria (8:5-25)

Mae dwy thema yn gor-gyffwrdd yn y darn hwn.

(a) Cam pwysig oedd ymestyn i Samaria, oedd i'r gogledd o Jwdea, a chyflawni rhywfaint eto o'r rhaglen a amlinellwyd yn 1:8. Yn y TN nid yw'r Samariaid yn Iddewon llawn nac yn genhedloedd iawn, ond yr oeddent rhywle yn y canol rhyngddynt. Mae'r elyniaeth rhwng yr Iddewon a hwy yn mynd yn ôl i 721 CC pan orchfygodd yr Asyriaid y wlad a gwasgaru'r Israeliaid oedd yn byw yn nheyrnas y Gogledd; priododd llawer o'r rhai a adawyd ar ôl ag estroniaid. Byth er hynny gwrthodwyd eu disgynyddion yn gwbl anghymodlon a chyda dirmyg gan yr Iddewon. Ond yma y mae'r Samariaid yn derbyn yr Ysbryd Glân ac felly y maent yn ddiogel y tu mewn i'r mudiad Cristnogol.

(b) Yn hanes Simon a'i ddewiniaeth cawn y cyfarfyddiad cyntaf yn yr Actau â'r grefydd Iddewig wedi ei llygru gan elfennau syncretaidd. Ond o dan weinidogaeth Philip a Pedr maent yn cael eu harwain i'r Deyrnas trwy air Duw (8:12,14,20).

Nid apostol oedd Philip (adn. 5), ond un o'r saith a ddewiswyd gan yr Eglwys yn Jerwsalem (6:5); yr oedd yn bregethwr hynod o lwyddiannus, yn iacháu cleifion ac yn gwneud argraff fawr ar bobol. Daeth *llawenydd mawr* (adn. 8) i'r gymdeithas yn sgîl hyn oll, a hynny cyn tröedigaeth y Samariaid. Mae'r pwyslais ar lawenydd yr Efengyl a'i chenhadaeth yn amlwg yn holl waith Luc yn ei Efengyl ac yn yr Actau, a hynny i'r gymuned yn gyffredinol nid yn unig y credinwyr.

Cymeriad diddorol yw Simon (adn. 9) ac yr oedd yn amlwg wedi creu argraff fawr ar bobl o achos ei *ddewiniaeth*. Yr oedd yn debyg i'r seryddion yn hanes Mathew am eni Crist, ac y mae sôn amdanynt eto yn 13:6-8. Y gwahaniaeth mawr rhwng dewiniaeth a chrefydd gywir, yn ôl Luc, yw bod y naill yn ceisio defnyddio'r dwyfol drwy formiwlau a thechnegau (8:19, cymh. 19:13,18-19) a godwyd o lyfrau ac ati, ond nid felly yr ymarfer Gristnogol. Credent hwy bod arddodi dwylo a bwrw allan gythreuliaid o ansawdd uwch o lawer ac yn deillio o rymuster yr Efengyl. Nid oedd pregethu'r gair yn arwain at ryfeddodod naw munud ond at ffydd gadarn a bedydd h.y. argyhoeddiad deallusol a mynediad i gymuned newydd. Hyn oedd profiad Simon, diolch i Philip.

Yn adn. 14-25 cofnodir fel y daeth yr Ysbryd Glân i Samaria. Cred rhai esbonwyr, fel F. F. Bruce, bod Pedr ac Ioan wedi eu hanfon i Samaria i roi sêl bendith y fam eglwys yn Jerwsalem ar waith Philip yno. Teimla eraill bod elfen o bryder ymhlith yr apostolion ynglŷn â'r datblygiad newydd yma. Beth bynnag am hynny, onid oedd yn ddigon rhesymol i Eglwys Jerwsalem fynnu'r hawl i gadw llygad ar ganghennau newydd fel hyn?

Ar yr achlysur hwn yn Samaria y mae'n ymddangos bod bedyddio yn enw Iesu (adn. 12) a derbyn yr Ysbryd Glân (adn. 15) yn ddigwyddiadau ar wahân, mewn ffordd, ac yr oedd yn rhaid i'r apostolion arddodi dwylo arnynt cyn iddynt dderbyn yr Ysbryd. Ond nid dyma'r un patrwm bob tro hyd yn oed yn yr Actau heb sôn am weddill y TN. Yn 10:44-48 rhoddwyd yr Ysbryd cyn bedyddio ac yn hanes Philip a'r eunuch (8:38) y mae bedyddio heb unrhyw sôn am dderbyn yr Ysbryd. Y mae'n amlwg nad trefniadaeth eglwysig sy'n cyfrif i Luc ond cadarnhad bod Duw yn bendithio'r gwaith o genhadu â sêl ei Ysbryd. Dyma oedd wrth fodd calon yr Apostolion fel eu bod yn awyddus i genhadu ym mhentrefi Samaria ar eu ffordd yn ôl (adn. 25).

Yn ôl adn. 18-19 ceisiodd Simon brynu a meistroli'r ddawn i alw'r Ysbryd ar bobl drwy arddodi dwylo yn ôl ei ddull fel swynwr. Ond mae ymateb Pedr iddo yn hallt (adn. 20), ond derbyniodd Simon yn raslon y cyfle i fod yn edifeiriol (adn. 24). O'r hanesyn hyn y daw'r gair 'Simoniaeth' am brynu a gwerthu pethau ysbrydol, a gondemniwyd gan yr eglwys ymhob oes, wrth gwrs.

Philip a'r Ethiop (8:26-40)

Gwelwn yn yr hanes hwn, fel gyda'r Samariaid, ddatblygiad hanner ffordd rhwng mudiad oedd yn dal yn sect o fewn ffiniau Iddewiaeth ym mhen. 1-5 a chenhadaeth Paul i'r cenhedloedd ymhellach ymlaen. Cynrychiola'r Ethiop hwn a aeth *i Jerwsalem i addoli* (adn. 27) bobl o'r cenhedloedd eraill a ddenwyd gan natur ffydd Israel ac a gafodd rhywfaint o groeso a chydymdeimlad gan yr Iddewon, nid fel proselyt (a dderbyniwyd trwy ddefodau i Iddewiaeth lawn) ond fel *un oedd yn ofni Duw*, yr enw am un oedd a diddordeb arbennig ond heb fod yn aelod cyflawn o'r grefydd Iddewig.

Yr oedd y ffaith ei fod yn eunuch yn ogystal ag yn un o'r cenhedloedd yn ei esgymuno o gynulleidfa (yr un gair ag *ecclesia*, eglwys) Israel yn ôl Deut. 23:1; felly gwaharddwyd ef rhag addoli yn y Deml yn Jerwsalem. Ond uchafbwynt y stori oedd y ffaith iddo'n awr gael ei dderbyn i eglwys feseianaidd yr Arglwydd. Bu i'r newyddion da am Iesu gymryd lle'r Deml fel y ffordd agored i gael derbyniad gan Dduw.

Yn nyddiau'r HD yr oedd Ethiopia yn ben-draw'r-byd, ond mae'n debyg mai Nubia, Sudan heddiw, oedd y wlad. Yn aml apwyntid eunuch i swyddi uchel, yn enwedig i wasanaethu merched o deuluoedd brenhinol. Gwelwn bwyslais ar arweiniad yr Ysbryd yn annog Philip yn yr hanes hwn dro ar ôl tro (adn. 26,29,39) a dyna hefyd y rheswm am iddynt ddigwydd cyfarfod â'i gilydd ar y siwrnai.

Yn ddiau yr oedd y sgrôl y darllenai'r eunuch (Eseia 53:7-8) ohoni yn gostus, a hynny'n awgrymu bod y dyn o ddifri. Yn yr hen fyd yr arferiad oedd darllen yn uchel. Mae esboniad Philip yn adlewyrchu dehongliad yr eglwys fore parthed gweld Iesu fel 'y Gwas Dioddefus.' Er na wyddai'r Iddewon ddim yn iawn at bwy yr oedd y proffwyd yn cyfeirio, fe all fod naill ai'n ddisgrifiad o'r Meseia neu o ddioddefiadau'r genedl. Yn y BCN nodir ar waelod y dudalen ychwanegiad o adn. 37 sydd yn rhai o'r llawysgrifau diweddaraf. Datblygodd arferiad i'r credinwyr gyffesu eu ffydd yn gyhoeddus cyn iddynt gael eu bedyddio ac y mae'n debyg bod cynnwys adn. 37 yn adlewyrchu'r arferiad hwn yn yr eglwys fore.

Mae diwedd reit swta i'r hanes fel ei ddechrau, heb unrhyw

sôn am yr oblygiadau i'r eglwys fel sydd yn hanes Cornelius. Teithiodd yr Ethiop *ar ei ffordd yn llawen* ymlaen i'r de i gyfeiriad Gasa. Aeth Philip i'r gogledd (adn. 40) i gyfeiriad Asotus ac wedyn i Gesarea, prifddinas Rufeinig Jwdea , lle sonnir amdano yn gynnil eto yn 21:8. Ond mae ei waith cenhadol *yn cyhoeddi'r newydd da* yn baratoad ar gyfer ymdrechion Pedr yn ardaloedd yr arfordir (9:32-45).

Tröedigaeth Saul ar y ffordd i Damascus (9:1-31)

Cefndir Saul o Darsus

Saul, wedi ei enwi bellach yn Paul, yw prif gymeriad ail hanner yr Actau, ac yn wir y TN cyn belled ag y mae maint y llenyddiaeth yn y cwestiwn. Cynnwys ei lythyrau un rhan o bump o'r TN ac y mae bron i chwarter y Testament yn ymwneud ag Apostol y Cenhedloedd. Efe yn fwy na neb arall oedd yn gyfrifol am newid Cristnogaeth o fod yn un o sectau Iddewiaeth i fod yn egin crefydd fyd-eang ei hapêl.

Y mae tair elfen yn ei gefndir sy'n bwysig i'w cofio wrth edrych ar ei fywyd cyffrous, ei feddwl treiddgar a'i ddylanwad pell-gyrhaeddol; yr oedd ef ei hun yn ymfalchïo yn y tair.

(1) Ei gefndir Iddewig. Tystia adnodau fel Phil. 3:5; 2 Cor. 11:22; Gal. 1:14 a Rhuf. 9:3 mor fawr oedd ei gariad a'i barch at hil ei gyndadau. Yn Pharisead rhonc ac wedi astudio wrth draed Gamaliel, un o athrawon Iddewig blaenllaw ei oes, roedd parch Paul at y Torah, cyfraith Moses, fel datguddiad unigryw o ewyllys Duw yn sylfaenol i'w gred.

(2) Treftadaeth a diwylliant Groeg. Er yn Iddew i'r carn magwyd ef yn Tarsus, dinas aml-hiliol, canolfan masnachol a phorthladd prysur (yn nwyrain Twrci heddiw); yr oedd hefyd yn ganolfan diwylliant Groeg gyda phrifysgol. Dengys ei araith yn Athen (17:28) ei fod yn gyfarwydd â llenyddiaeth ac athroniaeth Groegaidd ond nid o angenrheidrwydd yn drwyadl ynddynt. Eto i gyd yr oedd

Paul yn sensitif i'w amgylchfyd yn y byd Groegaidd-Rufeinig ganol y ganrif gyntaf.

(3) Yn ôl ei dystiolaeth ei hun yn 22:28 etifeddodd Paul y statws o ddinesydd Rhufeinig oddi wrth ei dad ac ymfalchïai yn hyn. Cofiwn bod Iddewiaeth yn 'religio licita', h.y. yn grefydd a ganiateir yng nghymdeithas luosrywiaethol (*pluralistic*) yr ymerodraeth Rufeinig. Fel Iddew ac fel Rhufeiniwr manteisiodd Paul ar unrhyw ragorfraint a ddaeth yn sgîl hyn er mwyn lledaenu'r neges Gristnogol.

Ar y Ffordd i Damascus (9:1-9)

Yn y cyd-destun hwn enw camarweiniol ydyw tröedigaeth i ddisgrifio'r profiad gwefreiddiol a phell-gyrhaeddol hwn os tybiwn bod Paul wedi newid ei grefydd yn gyfan gwbl o fod yn Iddew i ddyfod yn Gristion. Ar yr adeg hon, tua 55 OC, nid oedd Cristnogaeth yn grefydd ar wahân yn ystyr modern y gair ond yn hytrach sect y tu mewn i Iddewiaeth yr ail Deml, a hynny ymhlith amryw o ffurfiau eraill (gw. 24:14). Ond yr oedd yn dröedigaeth yn yr ystyr bod Paul yn newid yn radical gyfeiriad ei fywyd, fel y dangosir yn y modd y defnyddiodd Luc y gair *Ffordd* (9:2 yn erlid *pobl y Ffordd*), a oedd yn enw cyffredin ar Gristnogion.

Gwelir pwysigrwydd aruthrol yr hanes yng ngolwg Luc yn y ffaith iddo roi tri adroddiad o'r digwyddiad (9:1-19; 22:3-21 a 26: 4-23). Maent yn amrywio mewn rhai manylion, yn arbennig felly yn y disgrifiadau o effaith y digwyddiad ar gyd-deithwyr Paul. (Yn ei esboniad mae C.K. Barrett yn dadansoddi'r tri adroddiad o'r hanes yn drwyadl ac yn ddiddorol (gw. Barrett, 2002, tud. 130-133).

Cyfeiria Paul at ddau beth arwyddocaol iawn am ei brofiad:

(i) yn Gal. 1:15 fe'i hystyrir fel galwad broffwydol,

(ii) yn Gal. 1:16 a 1 Cor. 15:8, fe'i disgrifir fel profiad o'r Crist Atgyfodedig.

Ac y mae'r ddwy elfen hyn yn flaenllaw yn y ffordd y cofnododd Luc yr hanes hefyd.

Yr oedd newid syfrdanol a dramatig o erlidiwr neu wawdiwr yn troi yn ddilynwr ac yn gredadun yn thema gyffredin yn hen lenyddiaeth Iddewig a Groegaidd; ac y mae arddull fywiog Luc yn amlygu mor llwyr oedd y cyfnewidiad o fwriad bygythiol gwreiddiol y daith (9:1) a ddaeth i ben mor sydyn yn 9:3. Yn nisgrifiad Paul o'r profiad yn 1 Cor. 15:8 yr oedd y Crist Atgyfodedig wedi ymddangos iddo yn y *goleuni o'r nef* ac yn 9:5 clywodd lais Iesu yn llefaru yn uniongyrchol wrtho yn Aramaeg, iaith bob dydd yr Iddewon, *Saul, Saul, paham yr wyt yn fy erlid i?* Dyma neges bersonol oedd yn peri iddo sylweddoli bod erlid Cristnogion yn golygu ymosod ar Iesu ei hun.

Mae'n debyg mai teithwyr cyffredin eraill ac nid milwyr oedd yn cyd-deithio ag ef am resymau diogelwch a chwmnïaeth ar y ffordd (9:7-9). Clywsant y llais ond ni welsant neb, yn wahanol i 22:9. Yn ôl F. F. Bruce, efallai mai clywed Paul yn unig a wnaethant. Yn ddiau, pwysleisio gwahanol agweddau o'r hanes yn y tri adroddiad oedd bwriad Luc yn ôl y cyd-destun.

Nid cosb oedd dallineb dros dro Paul ond canlyniad i sioc a trawma ei brofiad, a'r un modd eto ei fod yn methu bwyta. Efallai bod hyn yn atgoffa Luc o'r ympryd a ddisgwylid gan Gristnogion newydd cyn cael eu bedyddio yn ei gyfnod ef. Fe all fod hefyd yn symbol o farw, claddu ac atgyfodiad gyda Christ.

Y mae llawer o esbonwyr wedi ceisio dadansoddi ac esbonio'r profiad. Awgrma rhai mai epilepsi oedd yn gyfrifol; eraill mai tyndra ym meddwl a phrofiad Paul oherwydd y teimlad ei fod yn annigonol ac yn methu byw a bodloni'r Gyfraith a bod yr euogrwydd wedi arwain at uchafbwynt emosiynol ar ôl gweld Steffan yn marw'n ddewr a'i ffydd yng Nghrist yn ei gynnal; i eraill profiad cyfriniol oedd y cwbwl ac felly nid yw'n bosibl ei ddehongli.

Ond fel yr awgrymwyd eisoes, pa mor debygol bynnag yw'r damcaniaethau hyn, mae effaith y profiad canolog hwn ar fywyd Paul yn amlwg; newidiodd gwrs ei fywyd yn radical nid i grefydd Gristnogol fel y cyfryw neu i unrhyw gyfundrefn foesol neu athrawiaethol arall, ond yn bennaf i adnabyddiaeth o Berson Crist ac ymlyniad llwyr iddo.

Gweledigaeth Ananias a Bedydd Paul (9:10-19*a*)

Ni wyddom fawr ddim am gefndir Ananias, ond ei fod yn Iddew Helenistaidd ac yn Gristion yn Namascus. Fel llawer un yn yr HD, er enghraifft Moses (Ex. 3:11 - 4:17), y mae Ananias yn barod i ddadlau gyda'r Arglwydd. Roedd y newid honedig yn ymddygiad Paul mor eithriadol. Gwelwn yn 9:13 enw arall ar Gristnogion, *saint*, h.y. pobl sydd wedi eu cysegru ac yn perthyn i Dduw, gair nas ceir ond yn y lluosog yn y TN !

Cawn gipolwg (yn adn. 15-16) ar yrfa Paul yn y dyfodol yn cyflawni'r addewid yn 1:8; enwir y Cenhedloedd yn gyntaf ond cynhwysir *plant Israel* hefyd. Sylwer mor haelfrydig ydyw ymateb Ananias (adn. 17), yn ei gyfarch fel *brawd*, yn arddodi dwylo arno i'w iacháu ac yna yn ei fedyddio.

Saul yn Damascus ac yn Jerwsalem (9:19*b*-31)

Yn ôl yr hyn a ysgrifennodd Paul yn Gal. 1, aeth i Arabia yn syth ar ôl ei dröedigaeth ac arhosodd yno am o leiaf ddwy flynedd. Mae'n debyg nad oedd y ffynhonellau a ddefnyddia Luc yn cyfeirio at hyn. Ond soniodd Paul yn 2 Cor. 11:32 amdano'i hun yn dianc o Ddamascus mewn basged o ffenestr ar y mur am fod swyddog y Brenin Aretus ar ei ôl. Felly mae'n bur debyg bod 9:23-25 yn cyfeirio at yr un digwyddiad er mai rhai Iddewon yn Damascus oedd yn ei erlid yn ôl yr adroddiad hwn. Nid oedd yn syndod fod pawb yn dal mor amheus ohono o hyd gan mor anhygoel oedd y newid yn ei ymarweddiad.

Rhaid oedd i Saul yn y man fynd i Jerwsalem (adn. 26-30). Wedi iddo gyrraedd yno yr oedd y *disgyblion*, sef yr eglwys yno, yn naturiol yn ddrwgdybus ohono, *Y mae ein herlidiwr gynt yn awr yn pregethu'r ffydd yr oedd yn ceisio ei difrodi o'r blaen* (Gal.

1:23). Yn hollol nodweddiadol o'i gymeriad hael a charedig, bu Barnabas yn gymorth i argyhoeddi'r Apostolion o ddidwylledd Saul (adn. 27), er mai Pedr ac Iago yn unig a enwir yn Gal. 1:18-19. Ond yr un oedd ymateb rhai o'r Iddewon Helenistaidd i bregethu Paul ag oedd i Steffan ynghynt. Felly am resymau diogelwch , hebryngodd y brodyr ef i Gesarea ar ei ffordd i'w gartref yn Tarsus.

Adn. 31 sy'n cloi'r adran, ac ynddi y mae Luc yn rhoi crynodeb ac amlinelliad o hanes twf yr eglwys. Heblaw y digwyddiadau mwy dramatig yn Jerwsalem (pen. 1-7), Samaria (pen. 8) a Damascus (pen. 9) ac ar y ffordd i Gasa (pen. 8), mae'n sicr bod gwaith cadarn o ymledu'r Efengyl yn mynd ymlaen o'r golwg, fel petai, yn ardaloedd gwledig Samaria (e.e. 8:25), Jwdea, Galilea ac ar hyd gwastadedd yr arfordir.

Nid oedd Luc yn gweld gwaith yr Ysbryd Glân yn nhermau llefaru â thafodau ac ysbrydoli yn unig, ond fel prif ysgrifenwyr eraill y TN gwerthfawrogodd yr anogaeth ddistaw a'r atgyfnerthiad ffydd a roddodd Crist i'r eglwysi (e.e. Ioan 14:26; 15:26; Rhuf. 12:6; 1 Cor. 14:3).

III. PEDR: AGOR Y DRWS I'R CENHEDLOEDD (9:32-12:25)

Pedr yn Lyda a Jopa (9:32-43)

Iacháu Aeneas (9:32-35)
Y mae Luc yn awr yn troi ein sylw yn ôl at Pedr unwaith eto. Yr oedd ef yn awr yn ymweld i fugeilio'r Cristnogion i'r gogledd o Jerwsalem i gyfeiriad Cesarea. Y mae'r disgrifiad o Pedr yn iacháu Aeneas yn ein hatgoffa o rai o wyrthiau Iesu, ond pwysleisiodd Luc mai trwy ac yn enw *Iesu Grist* yr oedd Pedr yn iacháu'r claf.

Adfer Bywyd Dorcas (9:36-43)
Yr enw modern ar Jopa ydyw Jaffa, rhyw ddeg milltir o Lyda. Yma yn unig yn y cyfan o'r TN y cawn y ffurf fenywaidd ar yr enw Groeg am *ddisgybl*. Ei henw oedd Tabitha yn Aramaeg, Dorcas yn y Groeg, gyda'r ystyr gasél neu gafrewig. Yr oedd yn adnabyddus am ei gweithgarwch ymarferol yn helpu gwragedd gweddwon, a oedd ymhlith y rhai tlotaf yn y gymuned. Hyd yn gymharol ddiweddar cynhaliai rhai o eglwysi Cymru ddosbarth Dorcas i roi cyfle i ferched wneud gwaith elusennol. Sylwer eto ar ddiddordeb arbennig Luc yn lle'r ferch yn yr eglwys.

Y mae amryw o fanylion yn nisgrifiad Luc o'r wyrth, e.e. yr ystafell (adn. 39) a gweddi Pedr (adn. 40), yn ein hatgoffa o wyrthiau Elias ac Eliseus (1 Bren. 17:17-24 a 2 Bren. 4:33; cymh. hefyd Luc 4:26,27). Y tebygrwydd pennaf, fodd bynnag, yw'r un i hanes Iesu yn iacháu merch Jairus yn Marc 5:22-24, 35-41. Yn naturiol aeth y sôn am hyn trwy'r ardal gan hybu'r ffydd (adn. 42). Nodyn diddorol yw'r un ar ddiwedd yr adran am Pedr yn lletya *am beth amser . . . gyda rhyw farcer o'r enw Simon* (adn. 43). I'r Iddewon yr oedd gwaith barcer yn iselradd oherwydd y drewdod o gwmpas y gwaith a chyffyrddiad â chrwyn oedd yn aflan yn ôl rhai o draddodiadau Iddewig y cyfnod. Yr oedd gweithred Pedr yn arwyddocaol am ei bod yn adlewyrchu apêl yr Efengyl at bob haen o gymdeithas.

Yn nhŷ Cornelius (10:1-48)

Gweledigaeth Cornelius (10:1-8)
Y mae'r ffaith bod Luc yn adrodd hanes Cornelius mor fanwl ac yn ailadrodd peth o'r stori yn mhen. 11 a chyfeirio eto at ei harwyddocâd yn 15:1-9 yn tanlinellu mor hynod o bwysig oedd y cam hwn, sef bod yr Efengyl a oedd eisoes wedi lledaenu ymhlith Iddewon, Samariaid, Ethiopiad, a oedd bron yn broselyt, yn awr yn ymestyn at genedl-ddyn a oedd yn ganwriad, ac felly'n dal swydd gyfrifol ym myddin Rhufain, yn gyfartal â 'Company Sargeant-major' heddiw. Porthladd Cesarea oedd prifddinas Jwdea a Samaria, ac yno yr oedd pencadlys y fyddin. Fel yn hanes dau ganwriad arall y soniodd Luc amdanynt (Luc 7:5 ac Actau 27:43) mae Cornelius yn gymeriad da, hael ei elusen, yn ofni Duw ac yn weddïgar. Yn debyg i'r Ethiop, yr oedd yn un o nifer sylweddol o blith y cenhedloedd yr adeg honno yr oedd y grefydd Iddewig yn apelio atynt am amryw o resymau: safon uchel ei dysgeidiaeth foesol, credoau diddorol ac urddasol, addoliad y synagog. Eto nid oeddynt yn barod i dderbyn defodau fel enwaediad a rheolau bwyd fel y gwnâi'r proselytiaid. Yr enw o roddwyd arnynt oedd *y rhai oedd yn ofni Duw* (yn Saesneg *Godfearers*). Nid oeddynt yn sect fel y cyfryw, ond disgrifiad oedd yr enw o bobl oedd yn gweld Iddewiaeth yn ddeniadol, yn enwedig yn ninasoedd y *Diaspora* (y Gwasgariad); yr oedd amryw o bobl ddylanwadol yn eu plith, megis hyd yn oed gwraig yr Ymerawdwr Nero, Poppaea.

Yma yn adn. 3, fel yn aml yn yr Actau, y mae angylion yn chwarae rhan amlwg i ysgogi gweithredu yn unol ag ewyllys Duw (cymh. 5:19; 8:26; 12:7; 27:23). Trwy ddefnyddio'r symbol hwn o ymyrraeth oruwchnaturiol yn y cyd-destun hwn dangosir bod tröedigaeth Cornelius yn ganlyniad i arweiniad Duw.

Gweledigaeth Pedr (10:9-16)
Diddorol yw'r gair yn y gwreiddiol am *llewygodd* (adn. 10), sef *ecstatis*, sy'n tanlinellu'r syniad bod yma ddatguddiad arswydus a llesmeiriol, nodwedd gyffredin o'r hyn a elwir yn 'theoffani', gweledigaeth arbennig pryd y mae'r sawl sydd yn ei dderbyn yn teimlo ei fod yn clywed neges glir ac uniongyrchol oddi wrth Dduw, fel yn hanes Steffan (7:55). Wrth i Pedr lithro i'r cwsg llesmeiriol hwn, efallai ei fod yn edrych allan at y môr o ben y to ac yn gweld llongau hwyliau. Ar fwyd y mae ffocws y weledigaeth, yn gwadu y dosbarthiad traddodiadol ei fod naill ai'n lân (*kosher*) neu yn aflan yn ôl Cyfraith Moses (gw. Lef. 11). Y mae'r llais yn gofyn am beth mor chwyldroadol nes bod Pedr yn meddwl mai ei roi ar brawf y mae'r Arglwydd. Oherwydd herio un o gredoau sylfaenol ei draddodiad y mae, ac fe fyddai'r canlyniadau mor bellgyrhaeddol i Gristnogion.

Galw Pedr i Gesarea i gyfarfod â Cornelius (10:17-33)
Yr oedd Pedr yn dal ar y to yn pendroni ynglŷn ag ystyr ei weledigaeth (adn. 17,19) pan gyrhaeddodd cenhadon oddi wrth Cornelius. Dan arweiniad yr Ysbryd aeth Pedr i lawr i'w cyfarfod *heb amau dim*, neu yn ôl cyfieithiad arall posibl "yn ddiwahaniaeth" (adn. 20), ac i'w croesawu. Maent yn cymeradwyo Cornelius ac yn dweud amdano *sydd â gair da iddo gan holl genedl yr Iddewon* (cym Luc 7:5) ac yn tanlinellu mai cenedl-ddyn oedd o (adn. 22). Yn ôl Luc yr un arwyddocâd sydd i'r angel a'r Ysbryd mewn gwirionedd; mae'r ddau yn arwydd bod llais Duw yn cyfathrebu â phobl.

Cyflwynodd Luc hanes Pedr yn cyfarfod â Cornelius mewn dull gofalus a dramatig gan ailadrodd manylion i bwysleisio dilema Pedr ynglŷn â'r datguddiad o ewyllys Duw am y cam nesaf i agor drws yr eglwys i'r cenhedloedd. Cymerodd y siwrnai ddiwrnod cyfan (adn. 24) gyda rhai o'r brodyr o Jopa yn gwmni iddo. Yn y cyfamser bu'n cymdeithasu â'r milwr (adn. 7), cenedl-ddyn yn bur debyg, a anfonasid gan Cornelius, ac â'r gweision. Erbyn cyrraedd mae llond tŷ o *berthnasau a chyfeillion agos* y canwriad yno. Pan welodd Pedr, mynegodd Cornelius y parch yr arferid ei roi i broffwyd gan ymgrymu o'i flaen. Ymateb Pedr oedd mai dyn oedd yntau hefyd, nid Duw. Cam tyngedfennol i Pedr oedd mynd i mewn i'r tŷ cenhedlig hwn i gymdeithasu; a dyma uchafbwynt hanner cyntaf y bennod (10:27-29). Yn ei weledigaeth, nid a wnelo â bwyd yn bennaf yr oedd y gwaharddiad i alw unrhyw beth yn *halogedig neu'n aflan,* ond cyfeirir yn hytrach at gymysgu gyda phobl. O hyn ymlaen yr oedd Pedr mor rhydd i ymwneud â Cornelius yn yr un ffordd yn union ag yr oedd yn ymwneud ag Iddew.

Araith Pedr yn nhŷ Cornelius (10:34-43)

Dyma drydedd araith Pedr yn y llyfr a'i un olaf. Unwaith eto rhoddodd grynodeb o neges yr Efengyl y *kerygma*, ond gyda phwyslais arbennig y tro hwn ar gyfer ei wrandawyr cenhedlig yng Nghesarea.

Byrdwn ei neges yma yw *nad yw Duw yn dangos ffafraeth;* y mae'r rhai sy'n dangos parch at Dduw *ym mhob cenedl* ac *yn gweithredu cyfiawnder* yn dderbyniol ganddo. Dywedodd Paul yr un peth yn union yn Rhuf. 2:10-11. Â Luc ymlaen i gadarnhau hyn wrth ddefnyddio'r ymadrodd *Arglwydd pawb* (adn.36), ymadrodd sydd i'w gael hefyd yng nghrefyddau clasurol Rhufain a Groeg am Zews ac Osiris ac am Cesar ac, wrth gwrs, mewn Iddewiaeth am Iawe.

Gwelir crynodeb llawnach o stori'r Efengyl yn adn. 37-38 gyda phwyslais ar allu carismataidd Iesu i iacháu a olygai ryddhau pobl o afael pwerau dieflig. Er bod y neges yn gyntaf i *blant Israel* (adn. 36), ac wedyn i gwmni bychan o dystion (adn. 41), y mae mewn gwirionedd yn un gyffredinol ar gyfer y byd i gyd; daw barn i'r byw a'r meirw, a maddeuant pechodau i *bawb sy'n credu ynddo.*

Y Cenhedloedd yn derbyn yr Ysbryd Glân (10:44-48)
Pwysleisia Luc natur ddigymell ac annisgwyl dyfodiad yr Ysbryd *ar bawb oedd yn gwrando'r gair,* a chofnoda'n arbennig syndod ymhlith y Cristnogion Iddewig o Jopa bod dawn yr Ysbryd wedi ei dywallt *hyd yn oed ar y cenhedloedd.* Y mae'r tebygrwydd i brofiad y Pentecost (pen. 2) yn amlwg. Yn sicr y mae'r cwestiwn rhethregol yn adn. 47 yn ein hatgoffa o gwestiwn yr Ethiop yn 8:37. Bedyddiwyd Cornelius a'i gyfeillion yn syth. Arhosodd Pedr gyda hwy *am rai dyddiau* er mwyn rhoi cyfle i'r eglwys yn Jerwsalem glywed am bentecost y Cenhedloedd.

Amddiffyniad Pedr (11:1-18)

Adroddiad Pedr i'r Eglwys yn Jerwsalem (11:1-18)
Yr oedd rhai Cristnogion yn Jerwsalem yn dal i wrthwynebu derbyn y cenhedloedd. Dyma *blaid yr enwaediad.* Haerent hwy mai'r unig ffordd i'r cenhedloedd ymuno â'r eglwys oedd trwy enwaediad a bedydd proselyt; dim ond trwy fabwysiadu Iddewiaeth y gallai'r cenhedloedd ddyfod yn Gristnogion. Ond wrth dderbyn Cornelius dangosodd Pedr nad oedd hynny yn angenrheidiol; roedd aelodaeth eglwysig yn agored i bawb, Iddewon a chenhedloedd, ar sail ffydd a bedydd yn unig. Cyhuddwyd Pedr o droseddu yn erbyn y rheolau trwy gydfwyta a chymdeithasu'n ormodol â'r cenhedloedd; cyfeiriodd ef ei hun at y peth yn 10:28.

Parhaodd hyn yn broblem yn yr eglwys fel y mae Gal. 2:11-14 yn dangos. Felly er mwyn argyhoeddi'r apostolion eraill a'r brodyr yn Jwdea adroddodd hanes Cornelius a'r gweledigaethau wrthynt *yn ei drefn* (11:4). Wrth fynd dros y digwyddiadau hyn, y mae'n dwyn sylw yn arbennig at arweiniad yr Ysbryd oedd am iddo *fynd gyda hwy heb amau dim* ac at y cyfatebiad i'r Pentecost (adn. 15). Ar yr un donfedd â Gamaliel (5:39), rhybuddiodd Pedr hwy fod gwahardd bedydd i'r cenhedloedd yn gyfystyr â rhwystro gwaith Duw (adn. 17). Dyma un o themâu sylfaenol Luc, bod yr hanesion hyn i gyd yn profi bod pob cam ymlaen yn y datblygiad o eglwys i bawb yn tarddu o ymyrraeth Duw. Ond yr oedd rhai ag amheuon o hyd fel bod angen yr hyn a ddarllenwn amdano ym mhen. 15. Efallai bod rhai yn barod i dderbyn Cornelius a'i gyfeillion fel eithriaid, ond yn sicr nid oedd pawb o'r un farn.

Antiochia (11:19 –30)

Yr Eglwys yn Antiochia (11:19-26)
Yn yr adran flaenorol (10:1 - 11:18) y pwnc oedd y genhadaeth i'r cenhedloedd wedi ei lleoli yng Nghesarea. Yn yr adran hon (adn. 19-26) cawn adroddiad am ffordd arall, annibynnol am ddechrau'r genhadaeth i'r cenhedloedd wedi ei lleoli yn Antiochia Yn y ddwy ganolfan datblygodd dwy gymuned Gristnogol o Iddewon a rhai na ddaethant yn Iddewon. Nid oes gwybodaeth ar gael pa un o'r ddwy a gychwynnodd gyntaf na sut y daethant i fod. Mae'n bur debyg i Luc ddefnyddio ffynonellau annibynnol am y ddwy.

Datblygiad o bwys felly oedd sefydlu'r eglwys yn Antiochia, prifddinas Syria a Chilicia a phencadlys rheolwr oedd yn gadfridog ym myddin Rhufain. Dim ond gan Rhufain ac Alecsandria yr oedd mwy o boblogaeth nag Antiochia, a'r boblogaeth hon yn gymysgedd o Rufeiniaid, Groegiaid, Syriaid, Iddewon a masnachwyr o bob rhan o'r dwyrain. Lle arbennig o dda oedd Antiochia felly i bregethu'r Efengyl i'r holl genhedloedd. O achos y llwyddiant yn hyn o beth anfonodd arweinwyr yr eglwys yn Jerwsalem Barnabas i fod yn ddolen gyswllt rhyngddynt a'r eglwys newydd. Bu hyn hefyd yn gyfrwng i ddod â Paul, a fu'n dysgu yn eu plith am flwyddyn, yn ôl i'r stori. Diddorol yw'r sylw yn adn. 26 mai yma *y cafodd y disgyblion yr enw Cristionogion gyntaf.* Daw'r enw yn wreiddiol o'r Lladin *Christiani.* Ddwywaith yn unig y gwelir yr enw eto yn y TN: Actau 26:28 a 1 Pedr 4:16. Erbyn yr amser yr ysgrifennai Luc ei waith y mae'n debyg bod yr enw wedi dod yn gyffredin. Fe'i defnyddiwyd yn helaeth gan awduron Rhufeinig megis Suetonius (69-140 OC), Tacitus (55-120 OC) a Pliny (61-113 OC) am ddisgyblion Iesu. Enwau eraill a geir arnynt yn yr Actau yw *y disgyblion* (6:1), *saint* (9:13), *brodyr* (9:30), *y credinwyr* (10:45), *y Nasareaid* (24:5) ac efallai *cyfeillion* (27:3).

Newyn yn Jwdea (11:27-30)

Daliodd cysylltiadau agos rhwng Cristnogion Antiochia a'r fam eglwys yn Jerwsalem. Anfonodd hi broffwydi atynt. Aelodau carismataidd oedd y rhain a'r ddawn i ddatguddio mewn gair neu weithred wirioneddau Ysbryd Duw.

Cyhoeddodd un ohonynt, Agabus, *fod newyn mawr ar ddod dros yr holl fyd.* Y tebyg yw i Luc orddweud yn y fan hyn ac mai yn Jwdea yn unig yr oedd y newyn. Yn ôl yr hanesydd Iddewig Joseffus digwyddodd un tua 44-48 OC. Dangosodd eglwys Antiochia ei chonsyrn a'i chariad brawdol trwy drefnu casgliad a'i anfon i Jerwsalem trwy law Barnabas a Paul. Gwelwn mai'r henuriaid ac nid yr apostolion oedd yn gyfrifol am ddosbarthu'r elusen i'r anghenus. Yn ddiau hwy a gymerodd drosodd waith y saith a ddewiswyd yn 6:2-3.

Herod a'r Eglwys (12:1-25)

Herod yn erlid yr Apostolion (12:1-5)

Tua'r cyfnod hwn bu erledigaeth ffyrnig ar yr eglwys yn Jerwsalem gan Herod Agripa I, ŵyr i Herod Fawr a enwir mewn perthynas â Iesu (Luc: 23:6-12, cymh. Actau 4:27). Yr oedd Herod Agripa wedi cael ei anfon i Rufain lle cafodd fagwraeth fel cyfaill i'r ymerawdwr a'i noddi gan Caligula a Clawdius. Yn 41 OC penodwyd ef yn frenin dros yr un diriogaeth â'i daid. Felly er mwyn ennill ffafr y sefydliad Iddewig a mwyafrif y boblogaeth, digon naturiol oedd iddo erlid y sect newydd Gristnogol.

Nid yw'n ymddangos bod gan Luc lawer o fanylion am ferthyrdod Iago (adn. 2). Efallai mai rhesymau gwleidyddol yn hytrach na rhai crefyddol oedd wrth wraidd agwedd elyniaethus Agripa tuag ato. Mae'r holl fanylion am arestio Pedr yn ddramatig ac yn dangos cyffelybiaeth i hanes Iesu: Gŵyl y Bara Croyw (adn. 3), y bwriad i ddod eg ef gerbron y bobl (adn. 4), a'r un gair a ddefnyddir am *weddïo'n daer ar Dduw* gan yr eglwys dros Pedr (adn. 5) ag a geir yn Luc 22:44 am Iesu yng ngardd Gethsemane.

Dihangfa Wyrthiol Pedr (12:6-11)

Dyma un o'r hanesion mwyaf cyffrous yn yr Actau. Y mae Luc yn hoff o roi pwyslais ar y goruwchnaturiol a'r ffordd y mae'r gymuned Gristnogol yn derbyn nawdd dwyfol. Dyma'r drydedd waith i Pedr gael ei garcharu (4:3; 5:18), ac y mae'r olygfa hon yn ein hatgoffa o 5:22-23. Pa eglurhad bynnag a gynigir ar y digwyddiad, credai'r gymuned Gristnogol bod ymyrraeth achubol Duw yn amlwg yn y weithred ac yn wir yn rhyfeddod. Nid yw milwyr, cadwynau na phorth haearn yn rhwystr i Pedr ddianc ac y mae cyfeiriad at *angel yr Arglwydd* yn adn. 7 ac 11 yn atgoffa'r darllenydd o'r HD. Heblaw hynny, y mae'r hanes yn ddigon tebyg i enghreifftiau o lenyddiaeth Groeg a Rhufain e.e. rhyddhad Dionysius yn y Bacchae gan Euripides ac Apollonius o Tyana.

Derbyniad Pedr gan yr Eglwys yn Nhŷ Mam Marc (12:12-17)

Braidd yn ddoniol ydyw'r hanes yma am y croeso a gafodd Pedr gan aelodau'r eglwys. Er yn gweddïo ar ei ran maent wedi eu syfrdanu pan gurodd y drws, a'r forwyn Rhoda yn ei adael heb agor y drws iddo, ac yntau'n gorfod dal i guro er mwyn cael sylw, a'r rhai oddi mewn yn ei amau ddwywaith (adn.15). Y mae'r hanes yn darllen fel gwaith llygad-dyst. Credir bod Pedr wedi trosglwyddo hanes ei fywyd i Ioan Marc ac efallai y gwelir olion o hyn yn Efengyl Marc. Yn ôl F. F. Bruce y mae'n ddigon tebyg mai oddi wrth Marc y cafodd Luc y stori hon ac eraill o hanesion yr eglwys yn Jerwsalem.

Ar wahân i 15:7-11 ni chlywn ddim mwy am Pedr yn yr Actau. Nid yw'n aros gyda'r cwmni yma ond am ddigon o amser i ddweud ei stori (adn. 17) a gofyn iddynt fynegi hynny i Iago a'r brodyr. Cymerodd Luc yn ganiataol bod ei ddarllenwyr yn gwybod pwy oedd yr Iago hwn oedd yn arweinydd o bwys (fel y gwelir yn Gal. 2:12). Yn ôl Gal. 1:19 gellir tybio mai un o frodyr Iesu ydoedd. Yn ôl 15:13 a 21:18 yr oedd yn llefarydd o awdurdod dros yr eglwys yn Jerwsalem.

Ni rydd Luc ddim rhagor am symudiadau Pedr wedi hyn na gweddill ei hanes ychwaith. Os diflannodd mor agos i farwolaeth Agripa ag y mae 12:19-20 yn awgrymu yna yn ôl yr Athro Dunn medrwn ddyddio ei ymadawiad yn 44 OC.

Ymateb a Marwolaeth Herod (12:18-25)

Yn adn. 18 fe'n dygir yn ôl i'r carchar lle'r oedd diflaniad anesboniadwy Pedr yn achosi cryn dipyn o ddryswch ymhlith y milwyr. Portreadir Herod fel teyrn ac yn ôl arferiad yr oes honno gorchmynnodd ddienyddio y gwylwyr carchar.

Y mae'r hanes cyffrous am farwolaeth Herod yn debyg iawn yn *Hynafiaethau* Joseffus, lle disgrifir ei wisg frenhinol wedi ei gwnïo ag arian ac yn cael ei goleuo gan belydrau llachar yr haul. Ond mae ymateb Luc a Joseffus yr un mor wrthun i gwlt y llywodraethwr dwyfol oedd yn gyffredin yn y byd Helenistaidd ac a fabwysiadwyd gan y teulu ymerodrol Rhufeinig. Mor atgas i'r Iddew oedd i unrhyw un geisio gwrthsefyll gallu Duw a gwrthod rhoi'r gogoniant iddo ef yn unig (adn. 22). I Luc yr oedd cyferbyniad trawiadol rhwng diwedd Herod a chynnydd llwyddiannus *gair yr Arglwydd* (adn. 24). Bellach, gyda'r gwaith elusennol drosodd, troir ein sylw at Barnabas, Saul a Marc, prif gymeriadau'r stori o hyn ymlaen.

IV. PAUL Y CENHADWR (13:1-19:20)

Taith Genhadol Gyntaf Paul (13:1 – 14:28)

Symudir ymlaen yn awr i'r drydedd ran o gynllun 1:8, sef o Jerwsalem (pen. 1-7) ac *yn holl Jwdea a Samaria* (pen. 8-12), at y cymal olaf *hyd eithaf y ddaear*. Gwaith yr Apostolion oedd yn y rhan gyntaf; yr oedd yr ail yn ymwneud â gwasgaru'r credinwyr ar ôl marwolaeth Steffan (gw. 8:4; 11:19). Y mae'r drydedd ran yn dechrau gyda bwriad gweddïgar a chadarn yr eglwys ifanc yn Antiochia a sefydlwyd gan ffoaduriaid rhag erledigaeth (11: 20-26) ac sydd yn awr yn eglwys fywiog a chenhadol ei hun. Y mae gwaith Luc ar un ystyr yn haws o hyn ymlaen, sef adrodd sut, drwy genhadaeth Paul, y lledaenwyd y gair drwy ardaloedd y gwledydd o amgylch gogledd-ddwyrain Môr y Ganoldir, nes cyrraedd Rhufain yn y diwedd. Agorodd ddrws yr Efengyl i'r cenhedloedd gan ennyn gwrthwynebiad llawer o Iddewon. Ond patrwm ei waith cenhadol oedd dechrau yn y synagog er mwyn apelio at Iddewon a phroselytiaid yn gyntaf yn ogystal â gwrandawyr cenhedlig.

Yr Eglwys yn Antiochia (13:1-3)

Nid ar ei liwt ei hun y mentrodd Paul ar ei genhadaeth, ond fel y pwysleisia Luc yr oedd wrth ymateb i'r gymuned Gristnogol yn gweithredu dan arweiniad yr Ysbryd Glân (adn. 2,4). Enwir pump o arweinwyr yr eglwys yn Antiochia. Gwyddom am Barnabas a Paul, ond nid y lleill. Yn ôl traddodiad un o'r Affrig oedd *Simeon*, ond nid o angenrheidrwydd Simon o Gyrene (Luc

23:26; ond sylwer ei bod yn gyffredin i Iddew gael enw Lladin hefyd); *Lwcius o Gyrene*, o bosibl un o sefydlwyr yr eglwys yn Antiochia (11:20); a *Manaen*, a fagwyd yn llys Herod Antipas. Yn y cyd-destun hwn nid ordeinio oedd arddodi dwylo (adn. 2), ond arwydd o fendith a chymeradwyaeth wrth eu comisiynu ar gyfer y gwaith cenhadol arbennig hwn.

Y Cenhadon yng Nghyprus (13:4-12)

Nid oedd Cyprus (adn. 4,5) yn dir newydd i'r Efengyl (gw. 11:19). Cypriad o enedigaeth oedd Barnabas (4:36). Y tro hwn nid fel ffoaduriaid y daeth y credinwyr yno megis gynt, ond fel cenhadon *wedi eu hanfon allan gan yr Ysbryd Glân* i bregethu'r gair yn synagogau'r Iddewon.

Un o hoff themâu'r Actau yw bod yr Efengyl Gristnogol yn drech ac yn fwy deniadol na dewiniaeth a phaganiaeth y byd cyfoes (adn. 6-12). Cawn enghraifft liwgar o hyn yn hanes *ryw ddewin, gau-broffwyd o Iddew o'r enw Bar-Iesu*, neu *Elymas*, hanes sydd yn debyg i gyfarfyddiad Pedr â Simon Magus (8: 9-13, gw. tud. 30) a stori Ananias a Saffeira (5:1-11, gw. tud. 18).

Defnyddia Luc yr enw cywir yn y Groeg am raglaw (adn. 7). Darganfuwyd arysgrifen Ladin o gyfnod Clawdius 41-54 OC sydd yn cyfeirio at Sergius Paulus, yn ddigon posibl yr un y cyfeirir ato yma. Peth digon cyffredin yn yr hen fyd oedd i Rufeiniaid dysgedig hyd yn oed fod â diddordeb mawr mewn dewiniaeth a chael daroganwr (*soothsayer*) ymhlith ei weision.

Arwyddocâd y cyfeiriad (adn. 9) at newid yr arfer o alw Saul yn Paul yw'r ffaith fod Saul yn adlewyrchu ei wreiddiau Iddewig ac yn perthyn hefyd efallai i draddodiad yr eglwys yn Antiochia. Ond o hyn ymlaen Paul y diwinydd cenhadol dros Grist sydd yn cael y lle pwysig. Condemniodd Paul y gau-broffwyd o Iddew mewn iaith hallt (adn. 10-11); y mae'r dallineb a ddisgrifir yn adn.11*b* yn adlais o brofiad Paul ei hun yn 9:8-9, gyda'r awgrym efallai mai dros dro y mae'r dallineb ac y bydd yn arwain at ei dröedigaeth yntau. Llwyddodd i greu argraff dda o'r ffydd Gristnogol ar y rhaglaw (a'r darllenydd!).

O Paffos i Antiochia Pisidia (13:13-41)
Nid yw'n glir paham gadawodd Marc y cwmni a hwylio i Jerwsalem; efallai na fedrai gydweithio'n hawdd â Paul fel y mae 15:38 yn awgrymu. Beth bynnag oedd y rheswm y mae'n amlwg eu bod wedi cymodi â'i gilydd (Col. 4:10; Philem. 24 a 2 Tim. 4:11).

Roedd amryw o drefi a'r enw Antiochia, ar ôl Antiochus un o olynwyr Alecsander Fawr. Fel yng Nghyprus dechreuodd Paul ar ei waith cenhadu yma eto yn y synagog. Y mae'r cyfeiriad at y Saboth yn tanlinellu ffyddlondeb Paul iddo yn ogystal â gosod amserlen i'r holl hanes (gw. 13:42-44). Yn wir y mae 13:13-16, 42-43 yn gosod fframwaith i un o'r areithiau mwyaf sylweddol yn yr Actau.

Gydag araith Paul yn y Synagog (adn. 16-41) down at gam newydd yn lledaeniad yr Efengyl; dyma'r unig araith a draddodwyd mewn synagog a'r araith gyntaf a draethwyd yn fwriadol i gynulleidfa o'r *Diaspora* (y Gwasgariad). Yr oedd yma felly dri dosbarth o wrandawyr:

(a) Iddewon uniongred, yn debyg i Iddewon Jwdea ar wahân i'w hiaith.
(b) Proselytiaid, sef rhai o'r cenhedloedd oedd wedi derbyn Iddewiaeth trwy gyfrwng bedydd proselyt ac enwaediad ac yn cadw'r Gyfraith Iddewig.
(c) *Y rhai yn ofni Duw*, rhai o'r cenhedloedd gyda diddordeb byw yn y ffydd Iddewig, oherwydd ei dysgeidiaeth foesol a'i safonau uchel, ond heb dderbyn y Gyfraith ynglŷn â bwydydd ac ati na defod enwaedu.

Fel yr awgrymwyd o'r blaen parthed yr areithiau yn yr Actau, nid bwriad Luc oedd rhoi air am air yr hyn a lefarodd Paul ar yr achlysur hwn ond yn ôl arferiad yr oes honno rhoi rhyw fath o gameo neu grynodeb o'r hyn y byddai disgwyl iddo'i ddweud; felly syniadau Paul os nad ei union eiriau'n gywir.

O ran maint a chymeriad y mae'r araith hon yn cydfynd ag araith gyntaf Pedr ar ôl y Pentecost (2:14-26, 38-39). Yr un yw'r dull a'r neges:

(i) y paragraff agoriadol yn gosod y cyd-destun priodol: 13:16-25, cymh. 2:14-21,
(ii) y *kerygma*: 13:26-31, cymh. 2:22-24,32,
(iii) cyflawni proffwydoliaeth: 13: 32-3, cymh. 2:25-31, 33-36,
(iv) A'r apêl i gredu a'r cynnig o faddeuant: 13:38-41, cymh. 2:38-39.

Dyma ychydig o sylwadau ychwanegol ar gynnwys yr araith:

(i) Tystiolaeth y Gorffennol (13:16-25)
Cymh. hanes Israel yn araith Steffan (7:2-48). Yr un yw thema'r ddwy: y mae holl ddatblygiad yr hanes beiblaidd yn cyfeirio at ddyfodiad Crist ac yn cael ei gyflawni yn hynny. Rhoddir hanes dethol iawn gan ddechrau gyda'r Exodus (adn. 17) a'r daith yn yr anialwch (adn. 18), ac wedyn concwest Canaan (adn. 19), cyfnod y Barnwyr (adn. 20), Saul (adn. 21) a Dafydd (adn. 22). Ond Duw yw'r prif actor yn nrama fawr hanes Israel ac i Paul nid saga fawr genedlaethol mohoni ond stori am etholedigaeth a gras. Cymerodd Paul yn ganiataol bod ei wrandawyr yn gyfarwydd â chenhadaeth Ioan Fedyddiwr a gydag ef y deuir at uchafbwynt hanes Israel.

(ii) Tystiolaeth y Presennol, y *Kerygma* (13:26-31)
Mae ffocws adnodau canol yr araith ar yr *iachawdwriaeth* (un o hoff eiriau Luc) yng Nghrist. *Trigolion Jerwsalem a'u llywodraethwyr* oedd yn bennaf cyfrifol am farwolaeth Iesu (adn. 27), er mai'r cenedlddyn Peilat oedd cyfrwng y dienyddiad (adn. 28). Ond roedd y cyfan wedi ei ragfynegi yn yr

Ysgrythurau (adn. 29), ac felly roedd y cwbl yn rhan o fwriad Duw. Byddai'r syniadau hyn o eironi trasiedïol yn gyfarwydd i'w ddarllenwyr oedd yn gwybod am drasiedïau Groegaidd. Yr apostolion yn Jerwsalem oedd y tystion cyntaf i'r bobl o'r Crist atgyfodedig (adn. 31).

(iii) Tystiolaeth yr Ysgrythurau (13:32-37)
Trwy atgyfodiad Crist y mae Duw wedi cyflawni proffwydoliaethau'r Ysgrythur; dyma felly'r newyddion da: bod Duw gorffennol Israel hefyd yn Dduw dyfodol Israel.

Fel Pedr yn 2:25-26, dyfynnodd Paul o'r Salmau (adn. 33 o Salm 2:7; adn. 35 o Salm 16 ac adn. 34 o Eseia 55:3), a'r cyfan yn profi mai Iesu oedd y Meseia, ac nid Dafydd, yr hwn *a welodd lygredigaeth*.

(iv) Her y Dyfodol: apêl i gredu a'r cynnig o faddeuant (13:38-41)
Cynnig ehangach sydd gan Paul na'r hyn a gynigiwyd gan Pedr yn Jerwsalem, ond yr un yw'r amodau: maddeuant pechodau (adn.38) a phwyslais nodweddiadol Paul ar ryddhad o Gyfraith Moses, gyda chrynodeb o'i athrawiaeth am gyfiawnhad trwy ffydd a ddatblygodd ymhellach yn yr epistolau, yn arbennig yn Rhufeiniaid. Eto mae arddull yr araith yn debycach i areithiau eraill yr Actau nac i weithiau Paul. Yn annisgwyl gorffennir gyda rhybudd i gymryd y neges o ddifrif a chyda dyfyniad o Hab. 1:5, sydd yn nodweddiadol o Paul.

Ymatebion cymysg i'r araith (13:42-50)
Caed ymateb digon ffafriol i ddechrau (adn. 42). Ond erbyn y Saboth nesaf trodd carfan o Iddewon yn erbyn y cenhadon. Mae cyfeiraid at *yr Iddewon* fel grŵp gelyniaethus, a welwyd eisoes yn 9:23 a 12:3, yn digwydd yn amlach yn y rhannau o'r Actau sy'n ymwneud â Paul. I fod yn fanwl gywir rhaid cofio mai rhai yn unig o'r Iddewon oedd yn y garfan hon. Gwyddai Luc fod

Paul yn teimlo cyfiawnhad wrth ddal ymlaen â'r genhadaeth y mae Duw wedi ei alw iddi wrth *droi at y Cenhedloedd* (adn. 46). Ond eto sylwer na ddywedodd Paul ei fod am beidio â phregethu i'r Iddewon, fel y gwelir yn 14:1.

Mae'r dyfyniad o Eseia 49:6 yn gosod y cywair ar gyfer ail hanner yr Actau trwy blethu'r themâu *yn oleuni i'r cenhedloedd* ac *i'm hiachawdwriaeth gyrraedd hyd eithaf y ddaear* sydd yn adlais hefyd o gân Simeon yn Luc 2:30-32. Gwelir patrwm eglur o'r digwyddiadau yn adn. 49-50: llwyddiant gyda'r brodorion cenhedlig a gwrthwynebiad o du carfan gref o'r Iddewon, a'r olaf yn dylanwadu ar bobl bwysig y ddinas i hel y cenhadon Cristnogol allan. Gorffennir yr hanes (adn. 51) gyda geiriau o gyngor realistig tebyg i eiriau Iesu yn Mth. 10:14. Pwysleisia Luc (adn. 52) na all erledigaeth rwystro'r Efengyl nac ychwaith amddifadu Cristnogion o lawenydd, gan eu bod yn llawn o'r Ysbryd Glân fel yn 2:4.

Pregethu yn Iconium, Lystra a Derbe (14:1-7)
Gwelir yma y patrwm arferol i waith cenhadol Paul a Barnabas, fel a nodwyd uchod: pregethu yn y synagog, ymateb ffafriol rhai Iddewon a Groegiaid, gwrthwynebiad rhai o'r Iddewon a gynhyrfodd amryw o'r cenhedloedd yn eu herbyn. Y mae'r ffaith na chyfeiriodd Luc at y categori olaf o'i gyd-genedl fel *yr Iddewon* ond yn amrywio'r ffordd o gyfeirio atynt, e.e.*Iddewon a wrthododd gredu* (14:2) a *y Cenhedloedd a'r Iddewon, ynghyd â'u harweinwyr,* yn cadarnhau'r ffaith nad oedd ef am bardduo'r gymuned Iddewig yn gyffredinol. Yn union fel yr apostolion yn Jerwsalem ymateb y cenhadon hyn yw parhau i lefaru'n hy a *gwneud arwyddion a rhyfeddodau* trwy ras Duw (adn. 3).

Yn adn. 4 a 14 cyfeirir at Paul a Barnabas fel *apostolion;* yr oeddent felly yn yr ystyr eu bod wedi eu hanfon allan fel cenhadon o'r eglwys yn Antiochia. Ond fel arfer defnyddia Luc yr enw apostol am y Deuddeg.

Gwyrth yn Lystra (14:8-18)
Mae'r darn hwn yn enghraifft dda o Luc yn gwneud defnydd celfydd o gymysgfa o draddodiad diddorol, dawn y storïwr a phersbectif diwinyddol. Dyma'r hanes cyntaf am gyfarfyddiad Paul â syniadau paganaidd am Dduw. Siaradai brodorion yr ardal hon *iaith Lycaonia* nid Groeg (adn. 11). Fel yr iachaodd Pedr y gŵr cloff wrth Borth Prydferth y Deml (3:1-10), cyflawnodd Paul wyrth gyffelyb. Gwelwn y nodweddion arferol yn y disgrifiad o'r iacháu: pwyslais ar gyflwr truenus y claf, *yn gloff o'i enedigaeth* ac felly heb allu erioed gerdded; pwyslais ar ffydd y claf fel amod derbyn iachad; a thrylwyredd a rhyfeddod ei iacháu, a'i neidio a'i gerdded yn brawf o hynny. I Luc mae ymateb y bobl i'r iacháu yn ymddangos braidd yn ddoniol wrth iddynt goelio bod Zeus a Hermes yn ymweld â'r ddinas. Yn ôl hen chwedl leol ymwelodd y duwiau hyn â'r ddinas ar ffurf dynion yn chwilio am lety. Gwrthodwyd hwy gan bawb ond un hen ŵr tlawd, Philemon a'i wraig Baucis. Cosbwyd y trigolion oherwydd eu diffyg croeso a lletygarwch a boddwyd holl bobl y ddinas ar wahân i'r ddau hyn, a'u gwobr hwy am eu caredigrwydd oedd troi eu bwthyn yn deml i'r duwiau. Felly nid oedd y trigolion am wneud yr un camgymeriad eto. Paratoisant offrymau a thorchau i'r ymwelwyr. Wedi i Paul a Barnabas sylweddoli beth oedd yn digwydd *rhwygasant eu dillad*, yr ymateb traddodiadol Iddewig i gabledd. Aeth Paul yr areithiwr, a fuasai felly yn ymddangos yn debyg i Hermes, ymlaen i geisio esbonio'r efengyl mewn modd dealladwy i'r meddwl paganaidd am y tro cyntaf. Yr unig enghraifft arall o areithio i'r cenhedloedd yn yr Actau ydyw'r un yn Athen (17:16-34). Mae ei araith yn cynnwys beirniadaeth nodweddiadol Iddewig, gan bwysleisio'r pellter rhwng y Duw byw a'i greadigaeth (adn. 15), ac felly mai hollol ddiwerth oedd y duwiau paganaidd. Daw ei neges o newyddion da yn ei alwad arnynt i droi oddi wrth yr eilunod at y Duw byw, sydd wedi ei

amlygu ei hun yn Dduw i bawb yn y greadigaeth ac mewn rhagluniaeth.

Y Daith yn ôl i Antiochia yn Syria (14:19-23)
Cawn fraslun o hanes eu taith yn ôl gan nodi'r erledigaeth gan rai o'r Iddewon o Antiochia Pisidia ac Iconium a oedd wedi dod yr holl ffordd o tua 100 milltir i Lystra. Llabyddiasant Paul, ond nid Barnabas. Dyma'r achlysur, mae'n debyg, a nodir yn 2 Cor. 11:25 ac efallai yn Gal. 6:17. Yn rhyfeddol trannoeth ar ôl ei gamdrin aeth i Derbe, taith o tua 65 milltir. Pwrpas bugeiliol oedd y rheswm dros ymweld â'r cymunedau Cristnogol newydd hyn; i *gadarnhau eneidiau'r disgyblion a'u hannog i lynu wrth y ffydd* (adn. 22). Dyma wrth gwrs oedd pwrpas ei epistolau hefyd, ond nid yw Luc byth yn sôn amdanynt.

Er mwyn hyrwyddo'r gwaith bugeiliol hwn penodwyd henuriaid, o'r gair Groeg *presbuteros* (tarddiad y gair presbyteraidd, wrth gwrs) oedd yn dal yr un swydd â'r esgobion yn yr eglwys fore ac yn debyg i'r henuriaid yn y synagog. Rhoisant adroddiad am eu gwaith ar ôl cyrraedd yr eglwys a oedd wedi eu hanfon allan (adn. 26). Wrth wneud hynny priodolant unrhyw lwyddiant *i agor drws ffydd i'r Cenhedloedd* i ras Duw.

Y Cyngor yn Jerwsalem (15:1-35)
Nid yn ddamweiniol y daw hanes y Cyngor hwn yng nghanol y llyfr. Dyma drobwynt oedd i benderfynu natur ac undod y mudiad newydd Cristnogol: yr oedd naill ai am aros yn rhan o draddodiad Iddewig wedi ei ganoli yn Jerwsalem, neu am ymestyn allan at y Cenhedloedd hefyd i fod yn fyd-eang yn unol â gweledigaeth a gwaith Paul. Y cwestiwn sylfaenol yr oedd yn rhaid i'r Cyngor Apostolaidd, fel y gelwir ef weithiau, oedd: a ganiateir i'r Cenhedloedd ymuno â'r eglwys yn uniongyrth o'r byd paganaidd, ynteu a oedd yn rhaid eu derbyn, fel y

proselytiaid a'r *rhai oedd yn ofni'r Arglwydd*, trwy Iddewiaeth, os oedd ganddynt gysylltiad byw â'r synagog a chyfraith Moses. Ein prif bwrpas yma yw ceisio deall a dehongli yr hyn sydd yn yr Actau, ond y mae'n berthnasol sylwi ar yr hyn sydd yn un o lythyrau mwyaf tanbaid Paul, sef Galatiaid, ar y ddadl parthed enwaediad. Nid yw'n sicr os yr un ymweliad â Jerwsalem a ddisgrifir yn Gal. 2:1-10 â'r un hwn yn Actau 15 neu 11:30. Y mae'n bosibl mai ar ôl ysgrifennu'r llythyr at y Galatiaid y cyfarfu'r Cyngor; buasai hyn yn esbonio'r ffaith nad yw Paul yn ei lythyrau byth yn sôn am y Cyngor na'i ddyfarniad. Ar broblemau hanesyddol y Cyngor a'i gysylltiad â Paul gweler Dunn (1996) tud. 196-198 a Barrett (2002), tud. 226-228.

Y ddadl yn Antiochia (15:1-5)

Ni wyddom yn iawn pwy oedd y *rhai* a ddaeth o Jwdea (adn. 1); mae'n debyg mai Iddewon ceidwadol oeddynt yn mynnu bod yn rhaid enwaedu darpar-Gristnogion. Heb os, mae'r awdur yn cyd-lawenhau â'r eglwys yn Antiochia oherwydd bod rhai o blith y Cenhedloedd wedi cael tröedigaeth (adn. 3). Erbyn i'r ddirprwyaeth o Antiochia gyrraedd Jerwsalem y mae'n ymddangos bod gwahanol safbwyntiau wedi codi yn yr eglwys yn Jerwsalem a bod carfan o gyn-Phariseaid yn teimlo'n gryf bod yn rhaid i Gristnogion o gefndir cenhedlig dderbyn enwaediad a chadw Cyfraith Moses (adn. 5).

Cyfarfod y Cyngor (i) Tystiolaeth Pedr (15:6-12)

Mae cyfraniad Pedr i'r ddadl yn ein hatgoffa o arwyddocâd hanes Cornelius ym mhen. 10 a 11. Pwysleisiodd Pedr eto mai dewis Duw oedd hyn (adn. 7), a'r prawf o hyn ydyw gweithredoedd gweladwy yr Ysbryd Glân (adn. 8) sy'n brawf nad yw ewyllys Duw yn gwneud *dim gwahaniaeth* rhwng credinwyr cenhedlig ac Iddewig (adn. 9). Felly mae dadl Pedr yn y fan hyn yn cyd-fynd â diwinyddiaeth Paul: sef bod dyfodiad yr Ysbryd yn profi bod Duw wedi glanhau calonnau'r cenhedloedd *drwy ffydd* (adn. 9, cymh. Gal. 3:2-5); bod enwaediad yn rhoi gormod o bwysau ar ddisgyblion i ddod o dan iau yr holl Gyfraith (adn.10,cymh. Gal. 2:14; 5:1-3) a bod Iddewon a chenhedloedd ar yr un tir i gael eu hachub drwy ras (adn. 11, cymh. Gal. 2:15-21). Ond mae nodyn od yn adn. 10 wrth sôn am y Gyfraith fel iau *na allodd ein hynafiaid na ninnau mo'i dwyn*. Os oedd hyn yn wir mae'n anodd deall pam bod cymaint yn ei chadw'n selog, yn ei hastudio a'i charu, fel y gwna Iddewon crefyddol ar hyd y canrifoedd hyd heddiw.

Cyfarfod y Cyngor (ii) Dyfarniad Iago (15:13-21)

Fel y crybwyllwyd yn 12:17, erbyn hyn Iago oedd arweinydd yr eglwys yn Jerwsalem ac y mae'n debyg ei fod yr un Iago ag a enwir yn 21:18, yn frawd i Iesu (Marc 6:3), yn dyst i'r atgyfodiad yn ôl 1 Cor. 15:7 ac hefyd yn cael ei enwi yn Gal. 1:19; 2:9,12. Sylwer mai'r ffurf Hebraeg, *Simeon*, ar yr enw Simon a ddefnyddir yn adn. 14. Yn ei araith cadarnhaodd Iago ddadleuon Pedr oedd wedi eu seilio ar y digwyddiadau carismatig a gysylltid â'r genhadaeth ei hun (adn. 14). Y mae'r dyfyniad o Amos 9:11-12, a ddefnyddir yn adn. 16-18, yn dod o'r fersiwn Groeg nid Hebraeg.

Aiff Iago ymlaen i gyhoeddi'r penderfyniad hollbwysig *na ddylem boeni'r rhai o blith y Cenhedloedd sy'n troi at Dduw*. Ond nid oedd y cyfaddawd yn ddiamod, gan fod gofyn i'r Cristnogion cenhedlig dderbyn pedair amod :

(i) I ymgadw rhag bwyta *pethau sydd wedi eu halogi gan eilunod*, sef bwydydd oedd ar werth yn y farchnad ar ôl cael eu haberthu mewn temlau paganaidd a pheidio â mynychu gwleddoedd cyhoeddus ar safleoedd y temlau hyn. Y mae'r sylw a rydd Paul i'r mater hwn yn 1 Cor. 8-10 yn dangos pwnc mor sensitif oedd hwn yn yr eglwys gynnar.

(ii) Ymgadw oddi wrth *anfoesoldeb rhywiol*; nid yn unig rhag godinebu a phuteinio ond rhag unrhyw benrhyddid rhywiol, gan gynnwys arferion rhywiol y temlau paganaidd a'u dylanwad niweidiol ar fywyd cyhoeddus (gw. Lef. 18: 6-18).

(iii) Ymgadw rhag bwyta'r *hyn sydd wedi ei dagu*. Ni fyddai'r Iddewon yn bwyta cig anifeiliaid heb dynnu'r gwaed allan ohono'n gyntaf h.y. *kosher*.

(iv) Ymgadw oddi wrth *waed*. Yr un egwyddor sydd yma ag yn (iii). Credai'r Iddew bod gwaed yn cynnwys bywyd yr anifail (Lef. 3:17). Roedd arglwyddiaeth dyn dros anifail yn caniatáu iddo fwyta ei gig ond nid ei syniad am fywyd.

Cyfarfod y Cyngor (iii): Y Dyfarniad Apostolaidd (15:22-35)
Penderfynwyd anfon llythyr yn cynnwys y pendefyniadau i'r credinwyr cenhedlig yn Antiochia, Syria a Chilicia. Anfonwyd cenhadon gyda'r llythyr, sef Jwdas Barsabas, a enwir yma'n unig, a Silas oedd am fynd gyda Paul ar ei ail daith genhadol ac efallai yr un â Silfanus (2 Cor. 1:19; 1 Thes. 1:1; 2 Thes. 1:1) ac yn ôl 16:37 a oedd yn *ddinesydd Rhufeinig*. Efallai ei fod ef yn cynrychioli'r Helenistiaid a Jwdas yr Hebreaid. Y mae'r rhestr o waharddiadau yn adn. 29 y tro hwn ychydig yn wahanol ac yn gliriach fyth er mwyn hwyluso cyd-fwyta rhwng y credinwyr Iddewig a chenhedlig.

Dychwelodd Paul a Barnabas i Antiochia (adn. 30-35), a chyflwyno'r llythyr i'r gynulleidfa yno. Fe gadarnhawyd eu gwaith yno gan anogaeth eu cyd-genhadau, Jwdas a Silas. Cesglir i Jwdas a Silas ddychwelyd *mewn tangnefedd . . . yn ôl at y rhai a'u hanfonodd*, ond i Paul a Barnabas aros yn Antiochia.

Y Genhadaeth o amgylch Môr Aegea: "Ail" a Thrydedd Daith Genhadol Paul (15:36 - 19:20)

Fe gynnwys y penodau nesaf ddisgrifiad byw o waith cenhadol Paul fel efengylydd, dadleuwr, carcharor, bugail eneidiau a theithiwr dygn. Teithiodd ef a'i gyfeillion dros diroedd eang o gylch glannau môr Aegea ym mharthau dwyreiniol y Môr Canoldir. Yn gyffredin cyfeirir atynt fel dwy *daith genhadol* (15:36 - 18:23 a 18:24 - 21:16) ond barn amryw o ysgolheigion diweddar yw nad oedd patrwm ei weithgareddau mor syml â hynny. Cynnil iawn yw cyfeiriad Luc at saib rhwng y ddwy daith yn 18: 22-23, ac anodd credu bod Luc yn ei gyfrif yn arwyddocaol. Ond y mae'r dechrau yn bendant gyda sêl a chyfarwyddyd yr Ysbryd ac y mae'r diwedd hefyd yn bendant gydag uchafbwynt yn araith Paul i henuriaid Effesus (20:18-25), sy'n ymddangos fel diweddglo i'r cyfnod hwn o'i waith.

Heb amheuaeth dyma'r cyfnod pwysicaf yng ngwaith cenhadol Paul gan iddo gael dylanwad hollbwysig ar ddatblygiad a meddwl Cristnogol yr oes. Ar wahân i'r llythyrau at y Galatiaid a'r Rhufeiniaid, yr oedd yr holl lythyrau eraill o law Paul neu yn ei enw wedi eu hysgrifennu i eglwysi a sefydlwyd yn y cyfnod hwn: sef y llythyrau at y Philipiaid, y Thesaloniaid, y Corinthiaid, yr Effesiaid a'r Colosiaid. Yn rhyfedd iawn nid yw Luc yn cyfeirio atynt ac felly mae'n amheus iawn a oedd yn gwybod amdanynt.

Nodir pedwar pwynt arall o bwys gan Luc yn y penodau hyn:

(i) Duw oedd wedi annog a chymeradwyo'r genhadaeth: 16: 6-10,14; 18:9-10; 19:11-20.

(ii) Gwelir mesur o lwyddiant i ennill Iddewon: 16:1; 17:4,11-12; 18:4,8,19-20,24-28, a'r *rhai oedd yn ofni Duw* ymhlith y cenhedloedd: 16:14; 17:4,12,34, 18:4,7. Ond hefyd cododd gelyniaeth gan rai o'r gymuned Iddewig: 17:5, 13; 18:6,12-17; 19:9; 20:3,19.

(iii) Datblygir y thema am oruchafiaeth lwyr yr Efengyl dros alluoedd ysbrydion estron: 16:16-18; 19:11-20 a'r cyfarfyddiad ag athroniaeth Roegaidd yn gyfle i wynebu paganiaeth drwy sôn am Dduw: 17:22-31.

(iv) Pwyslais ar y ffaith nad yw'r mudiad newydd hwn na'i

genhadon yn fygythiad o gwbl i'r awdurdodau gwleidyddol a dinesig ac felly dylai'r cenhadon gael eu trin â pharch: 16:35-39; 18:12-17; 19:23- 41.

Paul a Barnabas yn Ymwahanu (15:36-41)
Pwrpas yr "ail" daith (15:36 - 18:23) ar y cychwyn oedd ail-ymweld â'r rhai yng Nghyprus a Galatia oedd wedi derbyn y neges ganddynt. Ond cododd cynnen rhwng Paul a Barnabas (adn. 37-39) o achos Ioan Marc; efallai, fodd bynnag, bod mwy i'r stori na hyn (gw. Gal. 2:13). Ni sonnir am Barnabas eto yn yr Actau. Aeth Paul â Silas yn gydymaith ar y daith, yntau hefyd yn *broffwyd* ac felly wedi ei eneinio â'r Ysbryd Glân, ac yn ddiau yr un â'r Silfanus, y ffurf Roegaidd ar yr enw Aramaeg, y cyfeirir ato yn 1 Thes. 1:1 a 2 Cor. 1:19.

Timotheus (16:1-5)
Fe ddaeth Timotheus yn flaenllaw fel cydweithiwr i Paul; sonnir amdano yn 17:14-15; 18:5; 19:22; 20:4 ac yn llythyrau Paul. Y mae hanes ei enwaediad (adn. 3) fel pe'n croesddweud yr hyn a ddywedir gan Paul yn Gal. 2:3. Nid yw'n glir pam y penderfynodd Paul enwaedu arno; efallai, gan bod ei fam, Eunice (2 Tim. 1:5), yn Iddewes fod Paul yn awyddus i'r cymunedau Iddewig dderbyn Timotheus heb amheuaeth fel Iddew, ac y byddai hynny'n gwneud cyfathrebu â hwy yn haws (gw. 1 Cor. 9:20).

O Phrygia i Troas (16:6-10)
Teithiant yn awr gannoedd o filltiroedd ymhellach na'r meysydd cenhadol lle buont o'r blaen, gan fynd ar draws gwlad i ardaloedd gogledd-ddwyrain Asia Leiaf. Fe'u darbwyllwyd, fodd bynnag, rhag mynd i Bithynia, a hynnyd gan *ysbryd Iesu* (adn. 7), sef enw arall ar yr Ysbryd Glân.

Mae'r weledigaeth nos o ŵr o Macedonia (adn. 9-10) yn

awgrym o freuddwyd, ac yn ôl seicoleg fodern y mae Duw yn gallu rhoi neges i ddyn drwy'r is-ymwybod. Gwêl rhai Alexander Fawr neu Luc ei hun yn ffigwr y gŵr o Facedonia. Enw swyddogol y ddinas oedd Troas Alexander. Gorchest fawr Alexander oedd 'priodi'r Gorllewin a'r Dwyrain', ac awgrymir mai ei lwyddiant ef wrth feddiannu'r byd a symbylodd Paul i feddwl am feddiannu'r byd i Grist; efallai mai hyn a arweiniodd at y weledigaeth. Damcaniaeth arall yw mai un o Philipi oedd Luc, ac yn arwyddocaol ceir y gyntaf o'r "adrannau-ni" yn 16:10-16 sy'n adrodd am y daith i Philipi. Un awgrym yw mai ar ôl iddo weld Luc am y tro cyntaf y breuddwydiodd Paul am fynd drosodd i Philipi, cartref y meddyg. Tybed!

Troas i Philipi (16:11-15)

Gw. tud. 10 yn y Rhagymadrodd am yr "adrannau- ni" (16:10 - 16; 20:5 - 21:18; 27:1 - 18:16). Ychwanegir dau bwynt yma: (a) Cynhwysant fanylion diangen parthed y teithiau, yn enwedig teithiau ar y môr sy'n arwain rhai i dybio naill ai bod Luc ei hun yn teithio gyda Paul neu bod yma ddefnydd o lyfr 'log' neu ddyddlyfr a ysgrifennwyd gan un o'r cyd-deithwyr. (b) Yr adeg hon yr oedd llyfrau ar deithio yn boblogaidd, yn llawn o wybodaeth ddaearyddol fanwl ac wedi eu hysgrifennu yn y person cyntaf, hyd yn oed os nad oedd yr awdur yn llygad-dyst o'r hyn a ddisgrifid. Ond barn y mwyafrif o esbonwyr yw mai Luc ei hun sy'n gyfrifol am y darnau ymddangosiadol hunan-gofiannol hyn. Am drafodaeth fanwl ar hyn gweler Fitzmyer (1998) tt.98-103.

Aeth y daith â hwy yn gyntaf i Ynys Samothrace (adn. 11), ac oddi yno i Neapolis, porthladd 10 milltir o Philipi ar y Via Egnatia oedd yn arwain ymlaen i Amffipolis, Apolonia a Thesalonica (17:1). Er mai ym Macedonia, gwlad Groeg, yr oedd Philipi, dinas Rufeinig oedd hi o ran cefndir hanesyddol, poblogaeth a threfn gyfreithiol. Yno aethant i *le gweddi* (adn. 13), synagog efallai, neu cyfeiriad at gyfarfod llai ffurfiol o'r gymuned Iddewig yno. Gwelir oddi wrth ei Efengyl a'r Actau bod gan Luc ddiddordeb a chonsyrn am apêl Cristnogaeth at wragedd e.e. Actau 1:14; 8:3,12; 9:2; 16:1; 17:4,12,34 ; 18:2 , 26; 21: 5; 22:4. Nid yw'n glir ai gwraig fusnes ar ymweliad â Philipi oedd Lydia, a enwir yma (adn. 14), ynteu un oedd wedi sefydlu ei gwaith lliwio yno. Yr oedd yn amlwg yn wraig dduwiol ac ar delerau da â'r Iddewon. Yr oedd ei bedyddio *hi a'i theulu* (adn. 15, cymh. 10:48) yn golygu bedyddio gweision a pherthnasau'r crediniwr, ond nid o angenrheidrwydd y plant. Edrychir ar y digwyddiad hwn fel y bedydd cyntaf ar dir Ewrop!

Bwrw allan Ysbryd Dewiniaeth, a Charchar (16:16-25)
Peth digon cyffredin yn yr ardaloedd hyn oedd proffwydesau yn cyhoeddi oraclau yn honni rhagfynegi'r dyfodol yn ôl dull rhai Delffi. Cymerodd Luc hyn o ddifri gan ddangos gallu Paul i fwrw allan ysbryd dewiniaeth o'r eneth oedd yn ei ddilyn, yn debyg i'r hanes yn Luc 4:34-35. Oherwydd y perygl o golli gwneud elw y mae meistri'r gaethferch yn dwyn achos cyfreithiol yn erbyn Paul a Silas.

Er bod rhyddid cyffredinol i Iddewiaeth yn yr Ymerodraeth Rufeinig dengys tystiolaeth bod amheuaeth ragfarnllyd yn erbyn dinasyddion Rufeinig oedd yn dilyn crefyddau estron (adn. 20-21). Felly gyda chefnogaeth y dyrfa gorchmynnodd yr ynadon y gosb arferol o'u curo â ffyn (gw. 2 Cor. 11:25) a'u rhoi yn y carchar.

Achub Ceidwad Carchar (16:25-34)
Gwelwn yn yr hanes cyffrous hwn agwedd arall ar nerth ysbrydol Paul wrth iddo wynebu helbulon yn ddewr. Fel Socrates canodd yn y carchar ac fel y proffwyd Daniel (Daniel 3:6) ryddhawyd ef o'r gosb a osodwyd arno am iddo fod yn ffyddlon i Dduw, drwy ymyrraeth ddwyfol. Y mae ei

ymddygiad yn anrhydeddus yn ei ymdriniaeth o'r ceidwad wrth beidio â dianc ac felly arbed y ceidwad rhag iddo'i ladd ei hun mewn cywilydd (adn. 28). Felly newidiant eu rôl mewn ffordd. Gan anwybyddu ei orchymynion (adn. 23), mae'r ceidwad yn trin ei garcharorion yn awr gydag anrhydedd (adn. 30), golchi eu briwiau (adn. 33) ac erfyn am iachawdwriaeth (adn. 30). Galluogai hyn Paul i ddefnyddio'r profiad o warth er mwyn hyrwyddo ei genhadaeth (adn. 32) hyd yn oed ganol nos (adn. 25,33). Yn adn.32 defnyddir ymadrodd arall am bregethu'r Efengyl, sef *traethu gair yr Arglwydd*, a gwelwn eto bwyslais ar ymateb *pawb oedd yn ei dŷ*.

Cywilyddio'r Ynadon (16:35-40)

Erbyn y bore penderfynodd yr ynadon ollwng Paul a Silas yn rhydd. Ond yn awr datgelodd Paul eu bod yn ddinasyddion Rhufeinig ac oherwydd eu statws mynnodd fod yr ynadon eu hunain yn dod i'w tywys allan. Golygai hyn eu bod wedi torri'r gyfraith wrth eu curo'n gyhoeddus a'u carcharu, a hynny heb brawf teg. Daethant felly i ymddiheuro a chrefu ar y ddau i ymadael â'r ddinas. Felly profodd Paul eto bod pregethu'r Efengyl gyda ffydd a hyder yn ennill y dydd. Dengys yr hanes hwn hefyd bod y cenhedloedd ac awdurdodau Rhufeinig yn elyniaethus i'r genhadaeth Gristnogol weithiau.

Thesalonica (17:1-9)

Eisoes yn yr hanes am Philipi aeth y person cyntaf lluosog yn drydydd person lluosog, a'r un modd yma yn 17:1 cawn hanes Paul, Silas a Timotheus yn paratoi am eu siwrnai o ryw gan milltir ar hyd y Via Egnatia a chyrraedd Thesalonica. Gwelwn yma eto yr un patrwm ag yn Antiochia Pisidia, sef Paul yn dechrau yn y synagog yn addoli ar y Saboth ac yn cael cyfle i bregethu ar dri Saboth yn ddilynol gan esbonio'r syniad meseianaidd o'r Ysgrythur oedd yn sôn am ddioddefaint ac atgyfodiad. Cafwyd ymateb da gan rai o'r aelodau, yn Iddewon a phroselytiaid, a gwell fyth gan y *Groegiaid,* h.y. rhai *oedd yn addoli Duw* o blith y cenhedloedd a hefyd gan rai o'r gwragedd cefnog. Arweiniodd hyn at genfigen o du rhai o'r Iddewon ceidwadol a 'ffwndamentalaidd' ac y maent yn sicrhau help y gwehilion ymhlith pobl y ddinas i ymosod ar Paul a Silas. Defnyddiodd Luc yr enw cywir cyfoes am *llywodraethwyr y ddinas,* sef 'politarchiaid' (adn. 6). Ni wyddom pwy oedd Jason na phaham y lletyodd Paul ag ef. Unwaith eto dygwyd cyhuddiad difrifol yn erbyn y cenhadon gan honni bod radicaliaeth wleidyddol yn guddiedig yn eu neges (adn. 6-7). Y mae'n anodd peidio â gweld bod datganiad Paul am y Deyrnas (cymh. 28:31) yn hanfodol anghydnaws â chymryd y llw personol o deyrngarwch i'r Ymerawdwr a hawlid gan holl drigolion yr ymerodraeth. Unwaith eto ni roddir cyfle i Paul wrthbrofi'r cyhuddiad. Gwelwn yma eto fel yr oedd helyntion ym mhob man yn dilyn cenhadu.

Berea (17:10-15)
Yr un patrwm a welir eto yn Berea, dinas bwysig tua 60 milltir i'r de-orllewin. Aeth Paul yn gyntaf i'r synagog a chael ymateb mwy cadarnhaol gan bobl ryddfrydol oedd yn awyddus i astudio'r Ysgrythurau er mwyn deall y dystiolaeth am Grist (adn. 11). Efallai bod elfen elitaidd yn newis Luc o eiriau. Ymhlith y rhai a gredodd ei neges yr oedd rhai *yn wragedd bonheddig ac yn gredinwyr* (adn. 12) tra mai proletariat y dref dan ddylanwad Iddewon negyddol Thesalonica a brotestiodd yn ei erbyn.

Paul yn Athen (17:16-34)
Cadarheir yn 1 Thes. 3:1-6 , a ysgrifennodd Paul toc ar ôl sefydlu eglwys yno yn ôl bob tebyg, ei fod wedi ymweld ag Athen yn fuan wedyn ac wedi bod yn disgwyl i'w gyd-weithwyr ymuno ag ef (adn. 16). Yn arwyddocaol, dyma'r unig le na fu'n rhaid

iddo wynebu erledigaeth agored. Ond ni chafodd fawr o lwyddiant ar ei genhadaeth yno, a hyd y gwyddom ni sefydlodd eglwys yno. Er bod Athen wedi dirywio o'r hyn oedd yn oes aur ei dysg a'i diwylliant a'i hathroniaeth yn y 5ed ganrif CC, yr oedd yn dal yn ganolfan bwysig gyda'i phrifysgol a llawer o gyltiau crefyddol, ac yr oedd ei thrigolion yn dal gyda diddordeb byw yn y syniadau diweddaraf (adn. 21). Y mae Luc wedi portreadu Paul yma fel un oedd yn gallu cyflwyno'r neges Gristnogol yn null athronydd; yr oedd yn ceisio curo ei wrandawyr ar eu tir ei hunain gan ddefnyddio termau Groegaidd. Dyma ddull athronyddol Socrates, a oedd wrth ei fodd yn dadlau â phawb yn yr 'agora', y sgwâr (adn. 17).

Cyfeiria adn. 18 at ddwy garfan gyfoes o athronwyr dylanwadol:

(a) *Epicwriaid*, a enwyd ar ôl Epicurus (341-270 CC) , oedd yn feirniadol iawn o grefyddau poblogaidd yr oes gyda'u heilunod. Eu cred oedd ceisio 'hapusrwydd' a phleser mewn bywyd drwy athronyddu. Ni chredent mewn bywyd ar ôl marw nac atgyfodiad.

(b) *Stoiciaid*, oedd yn dilyn syniadau Zeno (340-265 CC); yr oedd ef yn rhoi pwyslais ar ffydd mewn rheswm, ceisio byw mewn harmoni â natur a phwysigrwydd dyletswydd.

Mewn gwirionedd yr oedd dysgeidiaeth y ddwy garfan yn debyg o ran moesoldeb cyffredinol a gwelwn grynodeb o'u daliadau yn adn. 24-26.

Cyhuddwyd Paul o bregethu *duwiau dieithr* (adn. 18), awgrym efallai eu bod wedi camddeall a'u bod yn meddwl mai duwiau oedd Iesu a'r Atgyfodiad. Dyma oedd y cyhuddiad yn erbyn Socrates hefyd, sef pregethu duwiau dieithr yn ogystal â llygru'r ifanc.

Aed â Paul i *Areopagus* (adn. 19), neu Allt Ares, enw Groegaidd am Mawrth, duw rhyfel. Yn y cyd-destun hwn y mae dau ddehongliad yn bosibl: (i) y lle ei hun yn Athen y tu cefn i'r agora i'r gogledd-orllewin o'r Acropolis, neu (ii) y llys a gyfarfu yno i weinyddu'r ddinas a phenderfynu ar faterion addysg a chrefydd. Tueddwn i dderbyn yr ail ar sail adn. 22.

Yn adn. 22-34 ceir ail araith Paul i'r cenhedloedd oedd heb unrhyw gysylltiad ag Iddewiaeth. Y mae'n llawnach na'r araith arall yn 14:15-17. Y mae dwy farn ymhlith esbonwyr ynglŷn ag agwedd Paul ynddi:

(i) cred rhai iddo ddefnyddio iaith a syniadau wedi eu cymryd yn syth o athroniaeth Roegaidd boblogaidd a chyfoes, heb fawr os unrhyw gysylltiad â syniadau Beiblaidd neu Iddewig;

(ii) cred eraill fod Paul wedi defnyddio syniadau o'r HD ac Iddewiaeth yn ieithwedd athroniaeth Stoicaidd a fyddai'n gyfarwydd i Iddewon Helenistaidd.

Mae prif bwyntiau'r araith yn debyg iawn i'r hyn a welwn yn 1 Thes. 1: 9-10:

ymwrthod ag eilun-addoliaeth o blaid y gwir a'r bywiol Dduw (adn. 29);

disgwyliad eschatolegol am Grist atgyfodedig o'r nef (adn. 31);

mewn paratoad ar gyfer dydd y farn, rhaid i *bawb ymhobman edifarhau* (adn. 30).

Ar wahân i'w gyfeiriad at Grist, y mae Paul yn ôl Luc yn dilyn traddodiadau Iddewiaeth y Gwasgariad a gredai fod y byd paganaidd yn euog o bechod eilun-addoliad a methu cydnabod y Creawdwr sydd tu ôl i'r hollfyd (adn. 24-28), y Duw nad yw'n *preswylio mewn temlau o waith llaw* ac na ellir ei addoli â delwau wedi eu gwneud *â dwylo dynol* (adn. 24-25).

Y mae'n anodd dweud beth sydd gan Paul yn adn. 22, p'un ai ceisio cymodi, neu ffalsio neu ymosod arnynt yr oedd wrth eu disgrifio *yn dra chrefyddgar*. Ond y mae'r ffaith bod ganddynt allor *I Dduw nid adwaenir* yn cynnig troedle iddo i bregethu am y gwir Dduw, y Creawdwr (adn. 23). Nid oes argoel o'r allor erbyn hyn. Yr oedd y syniad o undod sylfaenol dynoliaeth yn ganolog yn nysgeidiaeth y Stoiciaid (adn. 26a); nid yw ystyr ail hanner yr adnod mor eglur, ond y pwynt yn ôl Barrett (2002, tud. 270) yw bod holl hynt a helynt y byd a'r gwledydd yn nwylo Duw.

Cyfyd dau gwestiwn ynglŷn ag adn. 27. Yn gyntaf, a yw'r syniad yn adn. 27*a* o chwilio am Dduw yn adlewyrchu'r HD (e.e. Eseia 51:1; 55:6, neu Doethineb Solomon yn yr Apocryffa 13:6) ynteu a ddaw o bantheistiaeth y Stoiciaid? Yn ail, a yw'r syniad yn adn.27*b* o Dduw yn agos at bob un yn dod o'r HD (e.e. Deut. 4:7; Salm 145:18), ynteu a oedd yn wireb Stoicaidd? Efallai mai bwriad Luc oedd pontio'r ddwy ffynhonnell.

Y mae adn. 28 hefyd yn crynhoi yr un syniad drwy ddyfynnu o ddau o'r beirdd Groegaidd:

(a) daw'r dyfyniad cyntaf o ffynhonnell anhysbys sy'n adleisio syniad Stoicaidd am gysylltu bywyd, symud a bod;
(b) daw'r ail, *Canys ei hiliogaeth ef hefyd ydym ni*, o waith Aratus yn y 4edd ganrif CC, ac sydd â deimensiwn pantheistaidd. Yn ôl Luc, fe'i defnyddir gan Paul i gyflwyno Duw fel Creawdwr a Barnwr (adn. 31 a 32), sy'n adlewyrchu hefyd ddysgeidiaeth yr Efengylau Cyfolwg ar berson Crist fel Mab y Dyn a'r ail-ddyfodiad.

Wrth gymharu cynnwys yr araith hon ag amlinelliad Paul o natur crefydd baganaidd yn Rhuf. 1-3 gwelwn wahaniaethau amlwg, e.e. ni cheir sôn yma am bregethu'r Crist Croeshoeliedig (gw. 1 Cor. 1:18-25) ac nid oes lle o gwbl yn Rhuf. 1:32 i *amserau anwybodaeth* (fel yn adn. 30 yma). Ond y mae'r ddwy driniaeth yn bendant bod dyfodiad Crist yn golygu bod angen edifeirwch ar bawb.

Nid oes sôn yn adn. 32-34 am ymateb cyffredinol gan yr Atheniaid i neges Paul, ac yn arbennig i gyhoeddi'r atgyfodiad. Ond fel ymhob oes, gan gynnwys heddiw, ceir amrywiaeth –

rhai yn gwawdio, ac eraill yn barod i'w wrando eto. Nid oedd ei waith yn hollol ofer a diffrwyth. Er nad oes sôn am fedyddio neb, yr oedd credinwyr yno, ond ni wyddom ragor amdanynt.

Corinth (18:1-11)

Os gwelir cenhadaeth Paul yn Athen, canolfan diwylliant clasurol Groeg, fel cam allweddol ar y ffordd o ledaenu'r Efengyl o Jerwsalem i Rufain, yr oedd ei ymweliad â Corinth amlgenhedlig yn fwy dylanwadol o lawer. Yr oedd y ddinas hon yn bwysig, yn ganolfan busnes brysur iawn oherwydd ei lleoliad hwylus i deithwyr a masnachwyr ar eu taith o'r gogledd i'r de, ac o'r dwyrain i'r gorllewin.

Yr oedd Corinth yn adnabyddus iawn am ei hanfoesoldeb eithafol. Dywedir bod mil o buteiniaid yn gysylltiedig â theml Affrodite (neu Fenws) yno. Fel y crybwylla Eifion Wyn Griffiths yn ei esboniad gwerthfawr ef ar yr Actau, "Diddorol ac arwyddocaol, efallai, yw sylweddoli fod Paul wedi bod yn fwy llwyddiannus o lawer yn ninas bechadurus Corinth nag ymhlith trigolion parchus a deallus Athen."

Daeth Acwila a'i wraig Priscila (adn. 2) yn gyfeillion a chydweithwyr pwysig i Paul ac yn adnabyddus iawn i'r eglwys yng Nghorinth. Mae'n ymddangos eu bod hwy yn Gristnogion yn barod cyn i Paul gyfarfod â hwy (Rhuf. 16:3; 1 Cor. 16:19). Awgryma hyn bod Cristnogaeth wedi cyrraedd Rhufain yn barod, ond ni ŵyr neb sut na pha bryd, oherwydd bu'n rhaid iddynt ymadael â'r ddinas yn dilyn gorchymyn Clawdius. Yn ôl yr hanesydd Rhufeinig Suetonius bu i'r ymerawdwr Clawdius fwrw'r Iddewon allan o'r ddinas oherwydd yr helyntion cyson a achoswyd gan 'Chrestus'. Mae cytundeb cyffredinol mai camsillafiad sydd yma am 'Christus' ac mai'r Iddewon Cristnogol oedd dan sylw. Yn ôl Joseffws digwyddodd hyn yn 49 OC. Yn adn. 3 y daw'r cyfeiriad cyntaf at grefft Paul fel *gwneuthurwr pebyll*, neu gweithiwr lledr neu gyfrwywr. Yr oedd yn draddodiad i Rabbiniaid ddysgu crefft i'w cynnal pe bai raid.

Dilynodd cenhadaeth Paul yng Nghorinth y patrwm arferol (adn. 4-5). Darfu ei waith yn y synagog yn sydyn wrth i wrthwynebiad gryfhau, ac ymadawodd â hwy gan ysgwyd ei ddillad, arwydd tebyg i ysgwyd llwch oddi ar eu traed yn 13:51. Gyda chydwybod esmwyth felly trodd Paul oddi wrth y gymuned Iddewig at y cenhedloedd. Wedi hyn defnyddiwyd tŷ Titus Justus ar gyfer eu cyfarfodydd fel Cristnogion (adn. 7) Dyma a ddigwyddodd fwyfwy yn y cymunedau Cristnogol: cyfarfod yn nhai ei gilydd, fel seiadau Hywel Harris yn y 18fed. Ganrif , yn ogystal ag yn y synagogau.

Galio (18:11-17)

Tua diwedd ei gyfnod o 18 mis a dreuliodd Paul yng Nghorinth cododd helynt o du'r Iddewon a dygwyd Paul gerbron Galio, rhaglaw Achaia, rhanbarth o Roeg yr oedd Corinth yn brifddinas iddo. Dyma gyfeiriad hanesyddol hollbwysig wrth geisio dyddio digwyddiadau'r Actau. Yn ôl llawysgrif gyfoes a ddarganfuwyd yn Delffi soniodd Clawdius am ei gyfaill Galio yn Achaia yn ystod y rhan gyntaf o 52 OC.

Y cyhuddiad yn erbyn Paul oedd bod yr arferion crefyddol yr oedd yn eu ffafrio yn groes i gyfraith yr Iddewon (adn. 13). Unwaith eto ni chafodd Paul gyfle i'w amddiffyn ei hun. Ateb Galio oedd mai mater mewnol ymhlith yr Iddewon oedd hyn, gan nad oedd yma ddim a oedd yn tramgwyddo yn erbyn deddf Rhufain ynglŷn â'r drefedigaeth. Felly o safbwynt yr awdurdodau Rhufeinig gwahanol sectau o Iddewiaeth oedd aelodau'r synagog ac aelodau'r eglwysi Cristnogol, a'r ddwy garfan yn perthyn i'r gymuned Iddewig. Dyma hefyd oedd safbwynt Suetonius (69-140 OC) wrth ysgrifennu am alltudio'r Iddewon o Rufain (gw. 18:2 uchod). Nid yw'n glir pwy a ymosododd ar Sosthenes (adn. 17) na phaham. Efallai bod yma enghraifft o wrth-Iddewiaeth ymhlith rhai o'r Corinthiaid.

Paul yn dychwelyd i Antiochia (18:18-23)

Yn dilyn ei arhosiad llwyddiannus yng Nghorinth, penderfynodd Paul ddychwelyd i Syria. Hwyliodd o Cenchreae, porthladd Corinth ar yr ochr ddwyreiniol i'r cyfyngdir (*Isthmus*) enwog. Yn Rhuf. 16:1-2 soniodd Paul am Phoebe fel arweinydd yr eglwys yno. Nid yw'n eglur beth oedd pwrpas eillio ei ben (adn. 18), ond y mae'n debyg mai diwedd cyfnod oedd dan lw neu adduned yn ôl reolau'r Nasareaid oedd hyn (gw. Numeri 6:1-21), efallai er mwyn dangos ei ffyddlondeb i draddodiad Iddewig.

Yn adn. 19 y ceir y cyfeiriad cyntaf at Effesus, prifddinas Asia; ond ni arhosodd Paul yno am ei fod yn awyddus i symud ymlaen i Antiochia ac yn sicr i Jerwsalem gan adolygu a chadarnhau ffydd aelodau'r eglwysi yn Galatia a Phrygia. Yn draddodiadol tybiwyd bod yn y fan hon fwlch rhwng ail a thrydedd taith yr Apostol, ond nid yw esbonwyr diweddar yn gweld unrhyw arwyddocâd yn y toriad hwn yn ei deithiau. Credir mai yn ystod y cyfnod hwn yr ysgrifennodd Paul lawer o'i lythyrau.

Apolos (18:24-28)

Hawdd coelio nad oedd Apolos ond un enghraifft o nifer mawr oedd megis ar ymylon y mudiad newydd Cristnogol, fel y gwelwn yn 19:1-7, lle cyfeirir at rai oedd wedi derbyn neges Ioan Fedyddiwr ac adroddiadau anghyflawn am weinidogaeth a bywyd Iesu; buasai cyfnodau diweddarach yn hanes yr eglwys yn eu galw'n anuniongred. Y mae'r ffaith mai *brodor o Alexandria* oedd Apolos o bwys, oherwydd perthynai i'r ddinas honno un o'r cymunedau mwyaf yn yr hen fyd o Iddewon dysgedig gyda thraddodiad cyfoethog ym myd athroniaeth crefydd ac astudiaeth o'r Ysgrythurau.

Enillodd Apolos gefnogaeth yr eglwys yng Nghorinth , gw. 1 Cor. 1:12; 3:4-9; 4:6; 16:12. Derbyniodd ddigon o hyfforddiant

Cristnogol i fod *yn Ffordd yr Arglwydd* (adn. 25); ei hyfforddwyr o bosibl oedd Priscila ac Acwila. Er nad oedd yn gwybod ond am fedydd Ioan, nid oedd hyn, ym marn Luc, yn annigonol mewn un ystyr, gan ei fod *yn frwd ei ysbryd* ac yn effeithiol yn ei ddadlau â'r Iddewon gan brofi ar goedd ar sail yr Ysgrythurau *mai Iesu oedd y Meseia* (adn. 28).

Disgyblion Ioan a Phregethu Paul yn Effesus (19:1-10)
Fel yn y rhan uchod bu i Priscila ac Acwila arwain Apolos, gyda'i hyfforddiant annigonol, i mewn i lawnder yr Efengyl yng Nghrist. Ac y mae Paul ei hun yn gyfrwng i ddod â'r deuddeg rhyfedd hyn, gyda'u hamgyffrediad anghyflawn fel disgyblion a dderbyniodd fedydd Ioan, at gyflawnder yr Ysbryd. Daeth ar eu traws yn Effesus a darganfod nad oeddynt wedi clywed am yr Ysbryd Glân, nac am fedydd ond un Ioan (adn. 2-3).

Dyma ddigwyddiad yn hanes Paul sy'n cyfateb i brofiad Pedr o Bentecost y Samariaid yn 8: 15-17 (gw. tud. 22). Wedi i Paul arddodi dwylo arnynt, derbyniasant yr Ysbryd Glân (adn. 6). Rhydd y ddau hanes yr un drefn yn union i'r camau tuag at dderbyn Cristnogaeth lawn: bedydd *yn enw'r Arglwydd Iesu* (adn. 5; cymh. 8:16); wedyn arddodi dwylo ac yn dilyn hynny y daw derbyn yr Ysbryd Glan (adn. 6; cymh. 8:17).

Yn ôl Paul, derbyn yr Ysbryd Glân sy'n gwneud person yn aelod o Grist (Rhuf. 8:9; 1 Cor. 12:13; Gal. 3:2-3); dyna pam y gofynnwyd iddynt y cwestiwn yn adn.2: *A dderbyniasoch yr Ysbryd Glân pan gredasoch*? Yn adn. 8-10 ceir crynhoad byr o waith Paul yn nhalaith Asia, ac unwaith eto mae'n dilyn yr un patrwm ag mewn llefydd eraill: yn dadlau a *cheisio eu hargyhoeddi* yn y synagog am dri mis gan berswadio rhai (adn. 8) ond methu ennill y gymuned i gyd i dderbyn ei ddehongliad meseianaidd ef o'r Ysgrythyrau. Felly symudodd ei ddisgyblion gydag ef i neuadd gerllaw i genhadu (adn. 9). Yn ei ddull nodweddiadol o ddefnyddio gormodiaith, haera Luc mai o'r fan hyn y lledaenodd y genhadaeth *i holl drigolion Asia, yn Iddewon a Groegiaid.*

Meibion Scefa (19:11-20)
Yr oedd Effesus yn enwog fel canolfan i ddewiniaeth, a gwelwn yn yr adran hon bortread o Paul fel un oedd yn ei wrthwynebu ac yn drech na'r swynwyr (adn. 11); yr oedd yn eu maeddu ac yn disodli dewinwyr proffesiynol wrth fwrw allan gythreuliaid yn enw Iesu, a oedd yn gryfach na hwy (adn. 13-17). Fe'u halltudiwyd o'r ddinas (adn. 18, 19).

Fel yn hanes Simon Magus (8:19) ceisiodd *meibion Scefa* fabwysiadu pwerau'r Ysbryd i'w pwrpas eu hunain. Pwynt Luc yw bod gwyrthiau Cristnogol yn hollol wahanol i'r gweithredoedd syncretistaidd hyn. Cred Luc, yn unol â diwylliant ei oes, oedd bod ysbrydion drwg yn bodoli; ond mewn gwirionedd nid ydynt yn ymateb i unrhyw enw ond i rym Duw sy'n weithredol trwy ei gynrychiolwyr dilys (adn. 15). Erys y ffaith sylfaenol mai enw'r Arglwydd Iesu, ac nid unrhyw genhadwr neu apostol, sy'n cael ei fawrygu a'i ogoneddu (adn. 17). Nid oes lle i ddewiniaeth ym mywyd y credinwyr Cristnogol. Felly llosgwyd llyfrau adnabyddus Effesus ar swyn a dewiniaeth.

V. CYNLLUNIO'R DAITH I RUFAIN TRWY JERWSALEM (19:21 - 21:16)

Ceir amlinelliad o fwriadau Paul ynglŷn â theithio yn y dyfodol yn adn. 21-22. Gwelwn yma brawf o gonsyrn Paul am yr eglwysi. Yr oedd yn awyddus i anfon *Timotheus* fel ei gennad (1 Cor. 4:16-21; 16:1-11; 2 Cor. 1:16; 2:12-13) ac yr oedd ef ei hun yn bwriadu cyrraedd ryw ddydd i Rufain ar ôl ymweld yn gyntaf â Jerwsalem (gw. Rhuf. 1:13; 15:24-25, lle mae'n sôn am fynd ymlaen o Rufain i Sbaen). Yn gydymaith i Timotheus anfonwyd *Erastus;* nid yr un Erastus yw hwn â thrysorydd dinas Corinth (Rhuf. 16:23), ond yn hytrach yr un a enwir yn 2 Tim. 4:20. Y mae mwy o gyd-gysylltu rhwng yr adnodau hyn (adn. 21-22) a llythyrau Paul nag mewn unrhyw ran arall o'r Actau.Y tu ôl i hyn i gyd y mae'r ymwybyddiaeth gan Paul a Luc mai ewyllys Duw oedd yn gyfrifol am y rheidrwydd i deithio i Rufain.

Effesus, Macedonia, Gwlad Groeg a Troas (19:23 - 20:12)

Y cynnwrf yn Effesus a Demetrius , y gof arian (19:23-41)
Y mae'r gwrthdaro a welir yma yn llawn arwyddocâd ynglŷn â dyfodol Cristnogaeth yn yr ymerodraeth Rufeinig, gan bod cwlt Artemis neu Diana yn Effesus yn un o'r cyltiau pwysicaf a mwyaf poblogaidd yng ngwledydd y Môr Canoldir (adn. 27). Gan bod Effesus yn ganolfan grefydddol hynod o bwysig, ac Artemis yn geidwad y ddinas, yr oedd llwyddiant bywyd gwleidyddol, dinesig, diwylliannol ac economaidd y ddinas yn dibynnu i raddau helaeth iawn ar y cwlt, ac ar y pererinion a'r masnachu a ddeuai yn sgîl hynny. Mor wych oedd teml Artemis

fel y cyfrifid hi yn un o saith rhyfeddod yr hen fyd. O gofio hyn gallwn ddeall mor fygythiol y gallai llwyddiant sect newydd fod i ffyniant economaidd y *status quo*. Chwe deg mlynedd yn ddiweddarach ysgrifennodd yr awdur Lladin Pliny yr Ieuengaf am y ffordd yr oedd llwyddiant Cristnogaeth yn dinistrio'r hen grefyddau.

Pwysleisiodd Luc ddau beth arall yn yr hanes dramatig hwn:

(i) Yn 19:33-34 darllenwn bod *yr Iddewon* yn ymddangos ar yr un ochr â'r rhai oedd yn bygwth Artemis; fel y gwelwn yn 19:8-10 ymddangosai i bobl eraill fod Cristnogaeth ac Iddewiaeth yn trigo yn yr un cae.

(ii) Deil arweinwyr y gymdeithas yr un safbwynt â Paul ac yr oeddent *yn gyfeillgar ag ef* (adn. 31). Tawelodd clerc y ddinas y dyrfa derfysglyd trwy ddatgan nad oedd resymau cyfreithlon yn erbyn disgyblion Iesu (adn. 35-41).

Unwaith eto, fel yn 18:12-17, portreadir Cristnogaeth fel rhan o grefydd y genedl Iddewig ac heb fod yn fygythiad i awdurdod dinesig neu Rufeinig. Yr ensyniad yn adn. 40, sydd yn anodd ei dehongli yn y gwreiddiol, yw mai nid Cristnogaeth ond ei gwrthwynebwyr sydd yn bygwth y sefydliad; sylwn hefyd ar bwyslais nodweddiadol Luc ar ddoethineb yr awdurdodau Rhufeinig yn wyneb ymddygiad bygythiol y dyrfa. Er bod Demetrius yn rhoi blaenoriaeth i faterion busnes y mae'n ddigon craff i sôn am ystyriaethau crefyddol hefyd (adn. 27).

Yn ôl darganfyddiadau archeolegol deil y *theatr* (adn. 29) yn Effesus o leiaf 24,000 o bobl ac yr oedd yn safle delfrydol i gyfarfodydd fel hyn. Cyfeirir eto at *Gaius* yn 20:4 ac at *Aristarchus*, a oedd yn amlwg yn un o brif gyd-weithwyr Paul, yn 20:4; 27:2; Col. 4:10 a Philemon 24.

Nid oedd Paul ei hun yn ofni perygl (adn. 30), ond nid oedd y disgyblion am ei weld yn peryglu ei fywyd. Yn ôl 1 Cor. 15:32 wynebodd beryglon mawrion yn Effesus. Yr oedd *uchel-*

swyddogion Asia (adn. 31) hefyd yn bryderus am ei fywyd; er nad yw'n glir beth yn union oedd eu swyddogaeth hwy, y mae'n amlwg eu bod yn arweinwyr o bwys mewn materion cyhoeddus a dinesig o bob math. Ni wyddom ragor am *Alexander* ychwaith (adn. 33-34), ond arweiniodd ei ymyrraeth ef at ymateb hiliol, gwrth-Iddewig y dorf. *Clerc y ddinas* (adn. 35) a geisiodd dawelu pethau, a gwelir ei fod wedi gwneud defnydd o gred yn yr hen fyd fod delw gysegredig, *maen* (*meteorite* efallai), wedi syrthio o'r nef. Y mae cyfeiriad y clerc at *y rhaglawiaid* (adn. 38) yn cryfhau ei apêl am dawelwch ac ymatal rhag terfysgu. Yr oedd yr Ymerodraeth Rufeinig wedi rhoi cryn dipyn o annibyniaeth i ddinasoedd Groegaidd mewn materion mewnol cyn belled â'u bod yn cadw'n heddychlon a didrafferth; byddai hynny mewn perygl (adn.40) os na fyddant yn llwyddo i reoli'r terfysg.

Yn ôl am Jerwsalem heibio i Facedonia, gwlad Groeg a Troas (20:1-12)
Yma yn adn. 1-6 y ceir hanes dechrau'r daith y sonnir amdani yn 19:21. Efallai mai'r adeg hon, pan oedd Paul *ar hwylio i Syria* (adn. 3), yr ysgrifennodd y geiriau sydd yn Rhuf. 15:25. Daw ei gyd-deithwyr o bron bob ardal lle bu'n cenhadu hyd yma, ac efallai felly mai cynrychiolwyr wedi eu dewis gan y gwahanol eglwysi oedd gydag ef.

Yn sydyn yn adn. 5 a 6 try'r ysgrifennu i'r person cyntaf lluosog unwaith eto. Yr oedd hyn wedi dod i ben yn 16:37, pan oeddynt yn Philipi, ac y mae'n ail-gychwyn yma ar ôl i Paul dreulio Gŵyl y Bara Croyw yn Philipi (adn.6). Awgryma hyn fod yr ysgrifennwr wedi aros yn Philipi yn ystod y cyfnod hwn. Sylwer fod Paul yn dal i gadw'r gwyliau crefyddol Iddewig.

Arhoswyd am *saith diwrnod* yn Troas ar ôl iddynt gyrraedd yno (adn. 7-12). Y mae'n amlwg bod eisoes eglwys yn Troas (gw. 2 Cor. 2:12-13). I'r mwyafrif o Gristnogion yr oedd y Sul yn ddiwrnod gwaith, ac yn ôl Pliny arferai'r Cristnogion gyfarfod ar nos Sadwrn ac yn gynnar y bore wedyn. Hawdd deall felly pam bod Eutychus yn gysglyd ac yntau efallai wedi bod yn gweithio drwy'r dydd; roedd ei enw yn un cyffredin am gaethwas. Nid oedd Paul yn disgwyl ymweld â Troas eto, ac felly bu'n eu dysgu ac yn ymddiddan â hwy *hyd hanner nos* (adn. 7). Yn ystod y cyfarfod bu yno *dorri bara* (gw. 2:42) a chawsant hefyd bryd o fwyd gyda'i gilydd, a gallai hwnnw, yn ôl y dull Iddewig, barhau am dipyn o amser. Y mae'r cyfeiriad at *lampau*(adn.8) yn awgrymu y gallai gwres a mwg i ryw raddau esbonio cysgadrwydd Eutychus; y mae'r ffaith mai *goruwch-ystafell* ar *y trydydd llawr* ydoedd yn awgrymu mai mewn tŷ dosbarth gweithiol gyda fflatiau yr oeddent yn hytrach na mewn *villa*, sef tŷ unllawr lle trigai pobl fwy cyfoethog. Y mae gweithred gyflym Paul i achub y llanc yn ein hatgoffa o wyrthiau Elias yn 1 Bren. 17:21-22 ac Eliseus yn 2 Bren. 4:34-35 a hefyd Pedr yn adfer bywyd Dorcas yn 9: 40-41.

Mordeithio a chyrraedd Jerwsalem (20:13-21:16)

Y Fordaith o Troas i Miletus (20:13-16)
Am fanylion o'r daith hon a'r gweddill gweler y map yn y BCN. Ysgrifennwyd yr hanes hwn yn y person cyntaf lluosog, hyd yn oed yn yr adran am ddechrau'r siwrnai pan nad oedd Paul gyda hwy. Gwêl rhai esbonwyr enghraifft yma o ddiddordeb arbennig yr awdur mewn mordeithio gan ei fod yn defnyddio amryw o dermau morwrol; roedd yn dra gwahanol i Paul nad oedd yn dangos fawr o ddiddordeb ym mhethau'r môr. Nid yw'r manylion hyn na'r rhai am ochr ddwyreiniol o Fôr Aegea yn cyfrannu fawr ddim at rediad stori'r Actau.

Araith Paul i Henuriaid Effesus (20:17-38)
Dyma'r unig araith yn yr Actau lle cofnodir i Paul siarad â chredinwyr Cristnogol gyda rhyw naws ffarwelio yn ei eiriau; y mae hefyd yn ein hatgoffa o'i lythyrau o garchar, yn enwedig Philipiaid 3 a 2 Tim. 3-4. Gw. Dunn (1996, tud. 269) am

drafodaeth ar y tebygrwydd rhwng yr araith hon a *genre*, math o lenyddiaeth, Iddewig lle mae rhywun enwog cyn marw yn rhoi cyfarwyddyd i'w ddilynwyr, dysgu gwersi o'i brofiad ac yn eu rhybyddio o amserau blin i ddod, e.e. araith ffarwel Jacob (Gen. 49) ac araith ffarwel Josua (Jos. 23). Ceisio gwneud rhywbeth tebyg y mae Paul yma wrth ymadael â'r eglwysi hyn am y tro olaf.

Nid yw'n hawdd rhoi crynodeb o'r araith am y rheswm ei fod yn neidio o un pwynt i'r llall gyda dipyn o ail-adrodd. Ond gellir ei rhannu'n dair adran:

(i) adn. 18-27. Rhan agoriadol, sy'n rhoi amlinelliad o genhadaeth Paul. Er ei bod yn ymddangosiadol yn cyfeirio at Asia, cawn yma grynhoad o'i holl neges ac y mae'n debyg i'w araith i'r *Diaspora* (y Gwasgariad) Iddewig yn 13:17-41 ac i'r un i'r Groegiaid yn 17:22-34. Mewn ffordd brudd soniodd am *ddagrau a threialon*. Yn fwy cadarnhaol pwysleisiodd lawnder ei gyhoeddiad o'r Efengyl i'r Iddewon a'r Groegiaid (adn. 20,21,27). Ond y mae ei yrfa bron ar ben (adn. 24) ac yn adn. 25 cawn ragfynegiant o'i erledigaeth a'i farwolaeth ef ei hun, a hyn wedi ei ysgrifennu pan oedd Luc a'i ddarllenwyr yn gwybod yn iawn am dynged Paul yn Jerwsalem a Rhufain.

(ii) adn. 28-31. Cynghorion ymarferol i'r eglwys yn y modd a welir yn yr epistolau diweddarach. Yn adn. 28 y mae canolbwynt ymarferol a diwinyddol yr araith. Y mae'r term *arolygwyr* neu *esgobion* i'w weld hefyd yn Phil. 1:1 ac yn enw arall am arweinwyr, fel y mae *henuriaid* yn adn. 17 uchod, ac a oedd efallai yn fwy cyfarwydd i Luc. Er bod rhybudd i fod yn wyliadwrus (adn. 28,31) yn ddigon cyffredin gan Paul (e.e 1 Thes. 5:6; 1 Cor. 16:13) y mae'r ffurf o rybuddio yn erbyn ymosodiadau gau-broffwydi a'u hathrawiaeth gyfeiliornus (adn. 29-30) yn debycach i'r hyn a welwn yn yr epistolau diweddaraf (e.e. 1 Tim. 1:3-11; Titus 2:1). Yn ôl

Fitzmyer go brin mai cyfeiriad at y Gnosticiad sydd yma, oherwydd nid oes tystiolaeth bod yr heresi hon wedi datblygu mor fuan â hyn.

(iii) Gorffennodd Paul ei araith trwy eu cyflwyno i ras Duw (adn. 32) a'u hannog i ddilyn ei esiampl ef ei hun ac ennill bywiolaeth drwy weithio gyda'u ddwylo a hynny'n wers mewn elusengarwch a chynnal ei gilydd o fewn y gymdeithas (adn. 33-35). Yn ei eiriau olaf dyfynna ddywediad a briodolir i Iesu, er nad oes cofnod ohono yn unman arall; efallai ei fod wedi ei drosglwyddo o'r traddodiad llafar. Y mae yn gydnaws â syniad Luc bod dyletswydd ar Gristnogion cyfoethog i helpu'r tlodion.

Anaml y daw teimladau i'r amlwg yn yr Actau, ond yn adn. 36-38 portreadir Paul fel un oedd yn ennyn ac yn dangos hoffter yn ei ymwneud â'i gyfeillion.

Y Daith i Jerwsalem (21:1-16)
Gyda thaith Paul i Jerwsalem deuwn at gychwyn yr act olaf yn nrama fawr gwaith Luc ar hanes dechreuadau'r mudiad Cristnogol:

(a) Yn gyntaf, y mae Actau 21-28 yn cyfateb mewn ffordd i hanes dioddefaint Iesu yn Efengyl Luc. Heblaw'r thema fawr am y daith i Jerwsalem, y mae cyffelybiaethau rhwng dioddefiadau Iesu a Paul. Yn Actau 28 a Luc 24 cawn gyfiawnhad i holl waith Paul a Iesu yn yr ystyr bod eu gorchestwaith a'u dylanwad yn benagored ac mor bell-gyrhaeddol: Iesu mewn modd unigryw drwy'r Atgyfodiad a Paul yn sefydlu'r eglwys fyd-eang.
(b) Yn ail, mae'r olygfa olaf yn yr Actau yn cyfannu'r un agoriadol, sef cyhoeddi Teyrnas Dduw (1:3 a 28:31). Ehangodd y cylchoedd cenhadol o Jerwsalem (pen. 1-5) i Samaria a Jwdea (pen. 6-12), o Antiochia i benrhyn Asia Leiaf

(pen. 13-15), i ardaloedd Môr Aegea (pen. 16-20) i gyrraedd uchafbwynt naturiol y daith i Rufain, prifddinas y byd (pen. 21-28). 'Doedd dim rhagori ar hyn.

(c) Cyflawnwyd comisiwn Paul (gw. 9:15-16) a ail-adroddwyd yn 22:15,17-21 a 26:16-18 i ddwyn enw Crist *gerbron y Cenhedloedd a'u brenhinoedd, a gerbron plant Israel,* gan ddioddef yn enbyd ar adegau hyd yn oed storom a llong-ddrylliad. Wrth orffen y llyfr dal i bregethu y mae Paul.

Wrth gychwyn hanes y daith i Jerwsalem yn adn. 1-16 newidir yn ôl eto i'r person cyntaf lluosog, ac yna â'r hanes ymlaen gyda nodweddion arferol y 'rhannau-ni': manylion am gamau'r fordaith, am y llongau a'u llwythi, a hynny wedi ei ysgrifennu gyda realaeth uniongyrchol ac ychydig o ddwyster hefyd.

Cawn fod Luc yn aml yn galw Cristnogion oedd yn perthyn i gymuned leol yn *ddisgyblion,* fel y rhain yn Tyrus (adn. 4). Pwysleisiodd eu lletygarwch a'u croeso. Mae eu rhybuddion proffwydol a'u ffarwelio dwys yn ein hatgoffa o natur araith Paul, e.e. 20:23. Erbyn iddynt gyrraedd Cesarea (adn.8) yr oeddent ar dir cynefin ac i'r fan hyn yr oedd Philip yn mynd pan soniwyd amdano ddiwethaf yn 8:40

Yn ôl Eusebius (tua 260-340 OC), 'Tad' Hanes yr Eglwys, bu pedair merch ddibriod Philip yn ddylanwadol ar waith Papias (tua 60-130 OC), awdur cynnar Cristnogol. Sylwn bod merched yn cael *proffwydo* mewn cyfarfodydd eglwysig, gw. 2:17 a 1 Cor. 11:5, er gwaethaf yr hyn a ddywedir yn 1 Cor. 14:34 a 1 Tim. 2:11. Efallai bod hyn yn amrywio o le i le fel y mae statws y ferch ymhlith gwahanol draddodiadau eglwysig hyd yn oed heddiw. Yn ôl yr hyn a ddywedodd Agabus mae rhagfynegi'r dyfodol yn rhan bwysig o broffwydo. Y mae'r un carismataidd crwydrol hwn, a enwyd eisoes yn 11:28, yn gweithredu'n symbolaidd (adn. 11) er mwyn rhybuddio Paul rhag mynd ymlaen i Jerwsalem. Er bod yr apêl hon gan Gristnogion lleol a'i gyd-deithwyr yn ei gyffwrdd eto y mae'n benderfynol o ddal ymlaen beth bynnag fydd y canlyniadau (adn. 13). Gwêl rhai esbonwyr yn hyn i gyd debygrwydd i hanes Socrates oedd hefyd yn ddewr yn ei benderfyniad i wynebu marwolaeth er gwaethaf cyngor ei ffrindiau am ei fod yn gorfod plygu i'r ewyllys ddwyfol. Geiriau olaf Socrates oedd "os yw yn plesio Duw, bydded felly". Yn sicr mae geiriau Paul yn adn.14 yn atgoffa'r darllenwyr o eiriau Iesu yn Luc 22:42.

Cyd-deithiodd cwmni bach gyda Paul y 60 milltir i Jerwsalem (adn. 15-16). Roedd ei letywr, Mnason o Cyprus, yn debyg o fod yn Iddew helenistaidd, h.y. Groeg ei iaith. Awgryma rhai ysgolheigion ei bod yn bosibl mai Mnason oedd ffynhonnell y wybodaeth am ddyddiau cynnar yr eglwys yn Jerwsalem a hefyd am yr helenistiaid i awdur yr 'adrannau-ni'.

VI. PAUL YN ANELU AM RUFAIN TRWY JERWSALEM (21:17-28:31)

Paul yn Jerwsalem (21:17 – 23:23)

Paul yn ymweld â Iago yn Jerwsalem (21:17-26)

Ar ôl derbyn croeso cynnes gan y *credinwyr* (adn. 17) a gwrando ar adroddiad *henuriaid* yr eglwys yn Jerwsalem, rhoddodd Paul fanylion iddynt am lwyddiant ei genhadaeth i'r Cenhedloedd (adn. 19) a chafodd wrandawiad brwdfrydig.

Er pan gaed penderfyniadau Cyngor Jerwsalem (gw. 15: 22-29) y mae'n amlwg, yn ôl Luc, nad oedd gan Iago nac arweinwyr yr eglwys yn Jerwsalem unrhyw broblem ynglŷn â derbyn y cenhedloedd i mewn i'r eglwys (adn. 25). Ond cyfyd cymylau bygythiol o gyfeiriad arall. Poenai nifer cynyddol o gredinwyr Iddewig, nid am yr hyn a ddywedai Paul wrth y cenhedloedd ond wrth yr Iddewon. Cododd sibrydion bod neges Paul yn arwain at annog y credinwyr Iddewig i gefnu ar Gyfraith Moses, yn arbennig felly enwaediad a'r defodau eraill oedd yn diogelu hunaniaeth Iddewon y *Diaspora* (y Gwasgariad) (adn. 21). Craidd y broblem oedd a ddylai Cristnogion Iddewig barhau i gadw'r Gyfraith. Awgrym Iago oedd y dylai Paul ddangos yn gyhoeddus ei fod ef ei hun yn Iddew ffyddlon ac yn ufudd i'r defodau trwy gefnogi pedwar o ddynion oedd yn cyflawni llw y Nasareaid (adn. 23-24). Cytunodd Paul i wneud hynny (adn. 26). Cymh. hefyd 18:18. Gwelwn yr un broblem yma ag a'i hwynebodd parthed enwaediad Timotheus yn 16:1-5. Sut mae cysoni hyn â syniadau Paul yn ei lythyrau? Neu tybed a yw'n gweithredu ei egwyddor o fod "yn bob peth i bawb, er mwyn i mi, mewn rhyw ffordd neu'i gilydd, achub rhai" (1 Cor. 9:22)? Mae athrawiaeth Paul ar y Gyfraith yn gymhleth, gyda nodweddion cadarnhaol a negyddol, fel y dywed Barrett.

Paul yn y Deml (21:27-36)

Wrth gyflawni'r saith diwrnod o buredigaeth ynglŷn â'r llw, fe welodd yr Iddewon o Asia ei fod o ddifri. Efallai mai o Effesus yr oeddynt lle'r oedd wedi aros am ddwy flynedd (19:8-10). Ond eu dehongliad hwy o neges Paul oedd ei fod yn ymosod yn uniongyrchol ar y bobl Iddewig, a'u Cyfraith a'u Teml. Y mae'r adnodau canlynol yn ceisio ateb y cyhuddiad hwnnw. Y cyhuddiad penodol yr oeddynt am ei ddwyn yn ei erbyn oedd iddo halogi'r Deml trwy adael i rai o'r cenhedloedd fynd i mewn i'r lle sanctaidd nad oedd yn agored ond i Iddewon yn unig. Yn wir fe ddarganfuwyd dwy enghraifft o arysgrifau o'r Deml oedd yn gwahardd y cenhedloedd rhag croesi'r gwahanfur rhwng Llys y Cenhedloedd a'r llysoedd mewnol oedd yn gwbl gyfyngedig i Iddewon. Y mae'n berffaith glir yn ôl Luc bod Paul yn hollol ddi-euog o hyn (adn. 29). Ond yr oedd y si ar led ac fe arweiniodd at gynnwrf mawr nes bod bywyd Paul mewn perygl (adn. 31-32 a 35-36). Achubwyd ef mewn pryd gan swyddog o'r gwarchod-lu Rhufeinig oedd yn aros yng nghaer Antonia, gerllaw'r Deml. Gwelwn ddawn Luc fel storïwr effeithiol ar ei gorau yn y bennod hon.

Paul yn ei amddiffyn ei hun (21:37-40)

Yn eironig dyma Paul a gaewyd allan o ganolfan grefyddol ei bobl yn awr yn nwylo'r awdurdodau Rhufeinig ac yn rhinwedd ei statws fel dinesydd Rhufeinig o Darsus yn gweld drws yn agor iddo yn y byd Rhufeinig (gw. hefyd 16:37). Ond nid yw'r capten i wybod hyn ac edrychai arno fel terfysgwr bygythiol. Soniodd Joseffus am broffwyd o'r Aifft a arweiniodd dorf chwyldroadol y tu allan i Jerwsalem yn amser Ffelix a oedd yn rhaglaw yn y wlad yn yr un cyfnod. Enillodd Paul y dydd trwy fynnu yn ei Roeg coeth ei fod yn *ddinesydd* o Tarsus a chael cyfle i annerch ei gyd-genedl yn eu hiaith hwythau, Aramaeg.

Araith Paul yn y Deml (22:1-21)

Y mae fframwaith a osodir yn gyd-destun i areithiau'r Actau yn bwysig, nid yn unig er mwyn rhediad stori'r llyfr ond hefyd i werthfawrogi'r pwyntiau diwinyddol sydd ynddynt, sef y rhai y mae Luc yn awyddus i'w dwyn i sylw'r darllenydd. Fel y gwelwn yn 21:37-40 sydd yn rhagymadrodd i'r araith ac wedyn yn y dilyniant yn 22:25-28 eglura Paul ei gefndir a'i hunaniaeth. Yn y naill cyflwyna'i hun fel Iddew o'r *Diaspora* (y Gwasgariad, 21:29) ac yn y llall fel dinesydd Rhufeinig (22:25-28). Yna yng nghorff yr araith mae'n ail-adrodd *Iddew wyf fi* ac yn uchafbwynt soniodd am ei gomisiwn i'w *anfon . . . ymhell at y Cenhedloedd* (adn. 21). Wrth ail-adrodd hanes ei dröedigaeth y mae'n gor-gyffwrdd â disgrifiad Luc o'r achlysur ym mhen. 9. Mae'r ffaith bod yr hanes wedi ei ail-adrodd mor fanwl yn arwydd o'i arwyddocâd i Luc. Ond mae'r gwahaniaethau diddorol rhyngddynt yn taflu goleuni ar waith Luc fel awdur. Yn y bennod hon rhydd Paul ragor o wybodaeth am gefndir Ananias (adn. 12) sydd yn berthnasol i'w honiad ei fod yn gweithredu o fewn terfynau Iddewiaeth ddeddfol. Pwysleisiodd neges Ananias i Paul (adn. 14) gysondeb y gwaith y gelwir ef iddo ag Iddewiaeth: yr un ac anfonodd Ananias oedd *Duw ein tadau* a disgrifiodd Iesu fel *yr Un Cyfiawn* (cymh. 3:13-14 a Jer. 23:5-6; 33:15-16). Gweision Duw yr HD ydynt ill dau, Paul ac Ananias; awgrymwir bod Cristnogaeth yn fersiwn gywir o Iddewiaeth, a Christnogion yn etifeddion yr HD. Ychwanegir yn adn.16 wybodaeth nad yw yn 9:18, sef i Paul gael ei fedyddio; y bwriad oedd ei lanhau o bechod a galw ar enw Crist. Ychwanegiad at 9:26-30 hefyd yw'r cyfeiriad at weledigaeth a gafodd Paul yn y Deml (adn. 17) yn ei rybuddio o'r perygl oedd iddo yn

Jerwsalem (adn. 18) ac yn rhoi comisiwn uniongyrchol iddo i fynd *ymhell . . . at y Cenhedloedd.*

Paul a'r Capten Rhufeinig (22: 22-29)
Wrth glywed Paul yn sôn am y cenhedloedd gwylltiodd y dorf ac ymddwyn yn gythryblus unwaith eto (adn. 22,23). Penderfynodd y capten ei gymryd a'i lusgo i'r barics i'w holi dan artaith y llach (adn. 24). Yr oedd defnyddio'r llach yn beth digon arferol mewn amgylchiadau fel hyn ymhlith y Groegiaid a'r Rhufeiniaid, yn enwedig wrth ymwneud â chaethweision ac â phobl gyffredin. Ar y funud olaf datgelodd Paul ei statws fel dinesydd Rhufeinig (adn. 25) gan achosi pryder mawr ymhlith y milwyr a'r swyddogion (adn. 26-29; cymh. 16:25-40). Yn ôl honiad Paul yr oedd ef wedi etifeddu'r fraint trwy ei dad neu un o'i gyn-dadau. Peth digon cyffredin oedd i'r Rhufeiniaid roi statws dinesydd i bobloedd eraill ar ôl amser Pompey yn y chwedegau CC; efallai bod tad Paul wedi ei derbyn am wasanaeth arbennig i'r ymerodraeth. Erbyn cyfnod Clawdius (41-54 OC) yr oedd yn hawdd prynu'r statws ac yn ôl awgrym y rhaglaw yr oedd y pris yn uchel iawn pan brynodd ef y fraint, gydag ensyniad cynnil efallai bod y pris erbyn hyn wedi gostwng.

Paul o flaen y Cyngor (22:30 - 23:11)
Yr unig ffordd y gallai'r rhaglaw berswadio'r Sanhedrin i gyfarfod oedd eu galw i'w gyfarwyddo er mwyn iddo benderfynu a oedd cyhuddiad yn erbyn Paul ar sail y Gyfraith Iddewig. Enw'r archoffeiriad y pryd hwnnw oedd Ananias (tua 47-56 OC) Anodd esbonio'r geiriau hallt rhyngddynt (23:1-4). Ond mae Luc yn cyfleu'r awyrgylch o ymraniad a phleidgarwch oedd yn y Cyngor. Yn wir drwy gydol y bennod hon y cwestiwn yw beth oedd yr ymraniadau – ai rhwng Iddewiaeth a Christnogaeth, neu rhwng gwahanol garfannau o fewn y

grefydd Iddewig, neu hyd yn oed rhwng Cristnogaeth Iddewig a Paul.

Yn wahanol i ymddygiad Iesu yn Luc 23, y mae Paul yn fyr ei dymer (adn. 3) ac yn galw'r archoffeiriad yn *bared gwyngalchog*, delwedd efallai o Esec. 13:10-16 sydd yn cyfeirio at fur sy'n ansicr er ei fod yn ymddangos o'r tu allan yn yn ddiogel, neu efallai fel yn Mat. 23:27 defnyddir gwyngalchu yn awgrym o ragrith. Defnyddiodd Paul y gwahaniaethau cred a fodolai rhwng y Sadwceaid a'r Phariseaid yn ddeheuig (adn. 6-8), ac ymatebodd rhai o'r olaf o leiaf yn ffafriol tuag ato, fel y gwnaeth Gamaliel yn 5:39; y maent yn lleisio'r posibilrwydd fod Paul wedi derbyn datguddiad go iawn gan Dduw. Er hynny yr oedd y sefyllfa'n dal yn beryglus (adn. 10), ac yr oedd Paul yn fwy diogel dan warchodaeth y Rhufeiniaid. Ond trwy brofiad ysbrydol y noson honno cafodd gadarnhad ei fod yn gweithredu'n unol ag ewyllys Duw (adn. 11).

Cynllwynion i ladd Paul (23:12-22)
Penderfynodd *yr Iddewon*, h.y. y rhai oedd yn wrthwynebus i Paul, gael gwared ohono drwy lofruddiaeth os byddai'r dulliau cyfreithlon yn methu (adn. 12-15). Fe fyddent wedi llwyddo hefyd oni bai i *fab i chwaer Paul* ymyrryd. Trwy ryw ffordd neu'i gilydd cafodd ef wybod am y cynllwyn a rhoi gwybod i Paul. Bu ei apêl yntau at y canwriad ac at y capten yn llwyddiannus, ac yr oeddent yn amlwg yn barod i'w helpu. Y mae'r hanes hwn yn darllen fel nofel Roegaidd.

Paul gerbron Ffelix a Ffestus (23:23 - 25:12)

Anfon Paul at Ffelix, y Rhaglaw (23:23-35)
O hyn ymlaen yr oedd Paul yn nwylo'r awdurdodau Rhufeinig, a'r penderfyniad oedd ei anfon i Gesarea at y rhaglaw, Ffelix, a hynny dan warchodaeth gosgordd niferus o filwyr (adn. 23-24). Yr oedd ganddynt lythyr ffurfiol oddi wrth Clawdius at Ffelix

yn crynhoi'r hanes ac yn egluro pan yr oedd yn ei anfon ymlaen at y rhaglaw (adn. 26-30).

Penodwyd Ffelix yn Rhaglaw Jwdea tua 52 OC, ac er ei amhoblogrwydd a'i greulondeb, yn ôl Tacitus, yr hanesydd Rhufeinig, cadwodd ei swydd tan tua 60, pryd yr olynwyd ef gan Ffestus. Yn gyn-gaethwas, rhyddhawyd Ffelix gan yr Ymerawdwr Clawdius, ac yn gwbl anarferol dyrchafwyd ef i swydd rhaglaw. Disgrifiad swta Tacitus ohono oedd: "Cyflawnodd ddyletswyddau brenin gydag ysbryd caethwas".

Yr Achos yn erbyn Paul (24:1-9)

Ddwywaith ym mhen. 22-23 rhoddir hanes Paul ar brawf gerbron *plant Israel*, ond yn awr yn y tair pennod nesaf â Luc ymlaen i roi ei hanes yn tystiolaethu *gerbron y Cenhedloedd a'u brenhinoedd*.

Daeth dirprwyaeth o'r Sanhedrin gyda *dadleuydd* (adn. 1), h.y. twrnai proffesiynol, o'r enw Tertulus, i ddadlau eu hachos yn y dull rhethregol oedd yn bwysig yn y llysoedd barn Rhufeinig yn y cyfnod hwn. Dechreuodd yntau ei araith (adn. 3-4) trwy gyfarch Ffelix yn barchus a'i ganmol am gadw heddwch, gan gyfeirio efallai at y ffordd y goresgynnodd 'yr Eifftiwr a gododd derfysg beth amser yn ôl' (21:37-40). Gosododd ei gyhuddiad yn erbyn Paul yn fyr a chryno (adn. 5-6). Ei swm a'i sylwedd oedd ei fod yn aflonyddwr peryglus; yr oedd hwn yn gyhuddiad difrifol mewn talaith oedd ar fin dirywio i derfysgaeth a gwrthryfela.

Yr oedd y cyhuddiad penodol ei fod wedi *halogi'r Deml* yn un difrifol iawn yng ngolwg yr Iddewon, fel y gwelwyd eisoes. Ond yr oedd o bwys i'r awdurdodau Rhufeinig hefyd, gan eu bod hwy wedi rhoi addewid i amddiffyn y gyfraith Iddewig yn hyn o beth. Sylwer ar yr enw a ddefnyddir am y Cristnogion yma, sef *Nasareaid*. Dyma, mae'n debyg, yw'r enw a ddefnyddir o hyd yn yr ieithoedd Hebreig ac Arabaidd.

Paul yn ei amddiffyn ei hun gerbron Ffelix (23:10-24)

Wrth ei amddiffyn ei hun canolbwyntiodd Paul ar yr hyn oedd wedi digwydd yn yr amser byr o *ddeuddeg diwrnod* er pan gyrhaeddodd Jerwsalem. Ni fu mewn helyntion na chythrwbl mewn synagog, nac yn y Deml, nac yn y ddinas (adn. 12). Er ei fod yn cydnabod iddo gael helynt gydag *Iddewon o Asia* (adn. 19), ei awgrym yw nad yw hynny'n berthnasol gan ei fod y tu allan i awdurdod y Sanhedrin. Y mae'n wir nad oedd y llywodraethwyr Rhufeinig y tu allan i Jwdea wedi dangos unrhyw awydd i ddilyn cwynion yn erbyn Paul ar ran cymunedau Iddewig lleol, e.e. yng Nghorinth (18:12-17). Ond yn Jwdea, lle'r oedd gan y Gyfraith Iddewig statws deddfwriaeth dinesig yn lleol, a hynny'n cael ei gynnal gan awdurdod Rhufain, roedd Paul mewn perygl. Y mae Luc yn awyddus i ddangos na ellir profi ei fod yn euog o unrhyw drosedd yn y fan honno ychwaith (adn. 13).

Awgrymir yn adn. 14 yr edrychid ar *Y Ffordd* a ddilynai Paul fel sect o Iddewiaeth; yr oedd yn seiliedig ar draddodiadau'r tadau ac yn ddehongliad dilys ohonynt. Yr oedd y sect mewn llawer o'i chredoau yn ddilyniant i sect y Phariseaid y perthynai Paul ac amryw o'i gyhuddwyr iddi (23:6; 26:5). Yr oedd y sect honno yn credu mewn atgyfodiad, a'r unig drosedd a gyflawnodd Paul gerbron y Sanhedrin oedd iddo honni cred yn *atgyfodiad y meirw*.

Cyfeiria Paul yn adn.17 at yr elusennau a ddygodd ar gyfer yr anghenus yn Jerwsalem (gw. Rhuf. 15:25-27). Yn rhyfedd iawn, dyma, yn ôl Luc, yr unig sylw a rydd Paul i brif bwrpas honedig ei ymweliad yno.

Ffelix yn cadw Paul yn y carchar (24:22-27)

Penderfynodd Ffelix beidio â dyfarnu, gan roi'n esgus ei fod am aros am adroddiad Lysias. Felly wynebodd Paul ar y patrwm oedd i nodweddu gweddill ei fywyd yn yr Actau, sef cael ei gadw *dan warchodaeth* ond gyda *pheth rhyddid*, ac yn ôl arferiad yr oes yr oedd yn gorfod dibynnu ar ei ffrindiau am fwyd a chynhaliaeth o ddydd i ddydd. Dibynnai ar fympwy y rhaglaw am gael archwiliad i'w achos. Bob tro y gelwid ef ger ei fron (adn. 24,26), codai ei obeithion, ond mewn gwirionedd nid oedd gan Ffelix awydd dirwyn yr achos i ben yn fuan (adn. 27). Y mae barn sinigaidd Luc am gymhellion Ffelix, *ei fod yn gobeithio cael cil-dwrn gan Paul* (adn. 26) yn gyson â'r hyn ag ysgrifennodd Tacitus a Joseffws amdano. Yn ôl yr arfer roedd gan Paul le i ddisgwyl cael ei ryddhau ar ddiwedd cyfnod Ffelix yn ei swydd (adn. 27), ond gadawodd yr achos i'w olynydd yn fwriadol yn ei awydd *i ennill ffafr yr Iddewon*.

Merch ieuengaf Herod Agripa I oedd *Drwsila* (adn. 24), a aned 37/38 OC ac a briododd yn gyntaf â'r Brenin Azizus o Syria yn 53 OC. Yn ôl y sôn yr oedd yn hynod o brydferth a perswadiodd Ffelix hi i ymadael â'i gŵr cyntaf. Roedd hithau wedi ei orfodi i droi at Iddewiaeth a chael ei enwaedu. Efallai mai'r rheswm i Luc gyfeirio ati hi oedd y gallai'r elfen Iddewig yn neges Paul yn bosibl daro rhyw dant i Ffelix a'i wraig. Ond nid felly y bu.

Paul yn apelio at Gesar (25:1-12)

Mewn ffordd dyma un o'r penodau rhyfeddaf yn yr Actau. Er nad yw'n cyfrannu fawr at rediad y stori, y mae Luc fel storïwr yn creu diddordeb dramatig gyda'r elfen o oedi gyda'r achos a hynny'n creu ansicrwydd ynglŷn â'r hyn sydd i ddigwydd i Paul. Hefyd y mae prif gymeriadau'r ddrama yn ein diddori: yr Iddewon gelyniaethus, ac wedyn Ffestus, Agripa ac wrth gwrs Paul ei hun. Wrth ddechrau ar ei swydd fel Rhaglaw Jwdea tua 59/60 OC y mae Ffestus yn awyddus i gadw ar delerau da â'r Iddewon (adn. 2,9). Roedd yr un mor bwysig iddo ei fod yn cadw'r awdurdodau yn Rhufain yn hapus. Felly hawdd deall ei benderfyniad i droedio'n ofalus gydag achos y dinesydd Rhufeinig trafferthus hwn trwy drosglwyddo ei achos i Rufain.

Yma yn adn.8 yn unig yr haera Paul yn hollol bendant *Nid wyf wedi troseddu o gwbl . . . yn erbyn Cesar* ac ychwanegu *nac yn erbyn Cyfraith yr Iddewon, nac yn erbyn y Deml.* Nid oedd yn fodlon dilyn awgrym Ffestus a throsglwyddo ei achos i Jerwsalem (adn. 9). I osgoi hynny manteisiodd Paul ar ei hawl fel dinesydd Rhufeinig i apelio dros ben Ffestus (adn. 10) i lys uwch , sef at yr ymerawdwr ei hun. Fel y pwysleisia Luc, nid ceisio osgoi cosb yr oedd Paul, hyd yn oed pe golygai hynny'r *ddedfryd i farw.* Y mae'n amlwg bod mynd i Rufain at Cesar yn dderbyniol i Ffestus a Paul, *At Gesar yr wyt wedi apelio; at Gesar y cei fynd.* I'r naill yr oedd yn ffordd o osgoi gwneud penderfyniad anodd; i'r llall yr oedd yn gyfle iddo gael mynd i Rufain, fel yr oedd wedi bod yn dymuno.

Paul ac Agripa (25:13-26:32)

Paul gerbron Agripa II a Bernice (25:13-27)

Cred rhai mai'r prif reswm dros gynnwys yr hanes hwn oedd er mwyn ei gymharu a'i gyd-redeg â hanes Iesu gerbron Herod sydd yn Luc. 23:6-12 (yn unig). Ond y mae gwahaniaethau rhyngddynt yn ogystal. Yn un peth y mae hanes Paul ac Agripa yn dipyn hirach, 47 adnod o gymharu â 7 yn Luc. Yn yr Actau y mae chwaer Agripa, Bernice, yn bresennol yr holl amser, ond nid oes neb cyffelyb iddi hi yn Efengyl Luc. Chwaer Agripa II oedd Bernice, yn wraig weddw ddwywaith a'i thrydedd priodas yn fethiant; trigai yn y llys fel cydwedd (*consort*) i'w brawd.

Portreadir cymeriad Ffestus yn yr adran hon fel cynrychiolydd cyfraith Rhufain ar ei gorau (adn. 16-17); ceisiai fod yn deg ac yn ddiffuant wrth wneud ymdrech i olrhain y gwirionedd (adn. 20-21). Yr oedd yn ymddwyn yn dra gwahanol i elynion Paul, oedd yn dod â chyhuddiadau aneglur a maleisus yn ei erbyn (adn. 15,18). Y mae'n eglur nad oedd Paul wedi ei gyhuddo o unrhyw drosedd ond gau athrawiaeth, sef materion na wnaent fwy na chreu anghydfod mewnol ymysg crefyddwyr Iddewig. Ensyniad Luc unwaith yn rhagor yw bod Paul yn ddi-euog o safbwynt awdurdodau Rhufain.

Yn adn. 23-27 y mae Luc yn gosod y llwyfan yn ddramatig: *daeth Agripa a Bernice yn fawr eu rhwysg . . . i mewn i'r llys ynghyd â chapteiniaid a gwŷr amlwg y ddinas;* yn dilyn y pwysigion militaraidd a dinesig yn uchafbwynt i'r cyfan daeth Paul ei hun.

Wrth osod y mater gerbron y mae Ffestus yn dechrau trwy orddweud, fel y gwelwyd o'r blaen, a honni bod *holl liaws yr* Iddewon yn cyhuddo Paul ac yn gweiddi am ei waed (adn. 24). Y gwir oedd mai yr Iddewon hynny oedd yn honni eu bod yn cynrychioli eu pobl fel cyfangorff.

Eisiau rhagor o fanylion er mwyn ysgrifennu i Rufain yr oedd Ffestus, ac wrth ddweud hynny y mae am y tro cyntaf yn defnyddio'r teitl *ein Harglwydd* i gyfeirio at yr Ymerawdwr (adn. 26). Daeth defnyddio'r teitl hwn yn fwy arferol yn nes ymlaen ac achosodd hynny gryn ofid i Gristnogion y cyfnod hwnnw. Daeth y cyfeiriad at *egluro'r cyhuddiadau* â chyfle ardderchog i Paul eu hannerch, a gwnaeth hynny yn yr araith hiraf a phwysicaf yn yr Actau.

Araith Paul gerbron Agripa (26:1-32)

Daw'r bennod hon â ni at uchafbwynt Llyfr yr Actau yn yr un modd ag y mae hanes y croeshoeliad yn uchafbwynt i'r Efengylau. Gwelir amryw o gymariaethau rhwng y ddau uchafbwynt : bu bron i Agripa gael tröedigaeth (adn. 28), sy'n ein hatgoffa am y lleidr edifeiriol ar y groes (Luc 23:40-43, yn unig); gellir cymharu hefyd y cyfaddefiad gan Ffestus ac Agripa bod Paul yn ddi-euog (adn. 31-32) â chyfaddefiad tebyg am Iesu gan Pilat a Herod (eto yn Luc 23:14-15 yn unig). Gwelwn hefyd debygrwydd cyffredinol rhwng pen. 27 a hanes claddedigaeth Iesu ac anobaith y Sadwrn Sanctaidd, ac eto rhwng cynnwys pen. 28 a hanes yr atgyfodiad.

Heblaw hynny, yn y bennod hon y gwelir uchafbwynt

amddiffyniad Luc o waith Paul ac o'i ymdrech i ddiffinio natur a hunaniaeth y mudiad Cristnogol newydd hwn sydd, fel y gwelwyd, yn thema i'r llyfr a'i ddiwinyddiaeth. Cred sylfaenol Luc ydyw mai cenhadaeth Paul oedd y prif ysgogiad i ledaeniad Cristnogaeth a bod y genhadaeth hon yn hollol gydnaws ag etifeddiaeth grefyddol Israel ac yn ddilyniant uniongyrchol i ffydd y tadau; yr oedd Paul felly yn cyflawni cyfrifoldeb Israel i fod yn oleuni i'r cenhedloedd.

Gellir rhannu'r araith i nifer o is-adrannau:

(i) Bywyd cynnar Paul (adn. 1-11)

Fel gyda'r araith gerbron Ffestus, dilyn yr araith hon eto y ffurf oedd i rethreg gyfoes a dechrau trwy longyfarch y Brenin Agripa ar fod yn arbenigwr yn ei faes ac yn hollol addas i wrando'r achos (adn. 2-3).

Aeth Paul ymlaen wedyn (adn. 4-5) i gyflwyno crynodeb o hanes ei fywyd, gydag arolwg manylach nag a gawsom o'r blaen o'i yrfa cyn ei dröedigaeth (cymh. Gal. 1:13-14). Pwysleisiodd le canolog Jerwsalem yn ei fywyd ac yn arbennig ei ffyddlondeb diwyd fel Pharisead (cymh. 23:6 a Phil. 3:5-6) ac fel y bu iddo ei theimlo'n rheidrwydd i *weithio'n ddiwyd yn erbyn Iesu* trwy erlid yn greulon y Cristnogion (adn. 9-11). Cael ei gyhuddo o gredu yn yr atgyfodiad y mae, ac y mae honno yn gred sy'n perthyn i ffydd y tadau a'r gynulleidfa (adn. 6-7).

Cyflwynir gwybodaeth newydd yn adn. 10, sef bod erledigaeth gynnar y Cristnogion gan Paul wedi ei hawdurdodi gan y prif offeiriaid (sylwer ar y defnydd o'r lluosog). Diddorol yw'r defnydd o'r gair *saint* yn yr adnod hon; y mae'n amlwg y cysylltir yr enw â'r Cristnogion cynnar yn Jerwsalem (cymh. 9:13). Gwybodaeth newydd arall sy'n ymddangos yn y fan hyn (adn. 11) yw'r cyfeiriad at Saul fel erlidiwr: *trwy'r holl synagogau mi geisiais lawer gwaith, trwy gosb, eu gorfodi i gablu.* Nid oes sicrwydd beth oedd natur y cabledd; efallai ei fod wedi mynnu iddynt wneud cyffes o'u ffydd ac arddel credoau a fyddai'n tynnu oddi wrth y gogoniant nad yw'n perthyn ond i Dduw yn unig. I Iddew uniongred byddai hyn yn gyfystyr â chabledd.

(ii) Ei dröedigaeth a'i alwad (26:12-23)

Eisoes y mae Luc wedi ysgrifennu ddwywaith yr hanes am dröedigaeth Paul; yn 9:1-18 ef ei hun yw adroddwr y stori, ond yn 22:6-16 fe'i ceir yng ngeiriau Paul ei hun, ac felly eto yma. Deil y dystiolaeth graidd yr un fath ymhob un, ond y mae rhai gwahaniaethau hefyd: yr oedd y daith i Damascus wedi ei chomisiynu gan y prif offeiriaid (9:1-2; 22:5; 26:12); tua chanol dydd llewyrcha goleuni o'r nef (9:33; 22:6; 26:13), ond gyda phwyslais yma ei fod yn *oleuni mwy llachar na'r haul* ac yr oedd ei gyd-deithwyr hefyd wedi profi hynny (26:9); syrthiodd i'r ddaear (9:4; 22:7; 26:14) ond, yn wahanol i 9:7, syrthiodd y cwmni i gyd ac nid Saul yn unig; yr oedd llais yn ei gyfarch (9:4; 22:7; 26:14) ond yma dywedir mai *yn iaith yr Iddewon*, h.y. Hebraeg neu Aramaeg, yr oedd yn ei gyfarch. Ni sonnir yma am ddallu Saul nag am ran Ananias yn y stori.

Defnyddir bron iawn yr un geiriau'n union yn y sgwrs fer gyda Paul yn y tri adroddiad (9:4-6; 22:7-8,10; 26:14-16). Y mae'r geiriau yn adn.14, *Y mae'n galed iti wingo yn erbyn y symbylau*, yn rhai newydd, ac y mae'n bosibl mai dyfynnu a wneir ddihareb a oedd yn adnabyddus mewn llenyddiaeth glasurol; priodolir y geiriau i Iesu. Cyfeiria at ych yn cael ei bwnio a'i brocio gan swmbwl er mwyn iddo dynnu'n ddiwyro a thorri cwys syth. Nid yw'r ystyr yn y cyd-destun hwn yn glir iawn; y mae'n bosibl y cyfeiria at frwydr fewnol Saul gyda'i gydwybod, ond y mae'n fwy tebygol mai cyfeirio y mae at anallu dyn i wrthsefyll Duw, h.y. bod Saul yn gwrthwynebu Duw a'i fwriadau wrth erlid a rhwystro Iesu a'i ddisgyblion. Cofiaf glywed y diwinydd enwog o India D. T. Niles mewn cynhadledd yn esbonio hyn gan ddweud bod anifail o dan iau ei feistr yn barod er ei fod yn gwingo, ac felly Paul, a oedd eisoes wedi ei ethol gan Dduw i'w waith unigryw fel apostol i'r Cenhedloedd yn ogystal ag i'w bobl ei hun.

Crynhoir yn adn. 16-18 y comisiwn dwyfol a roddwyd i Paul. Yma y mae'n rhan o'r datguddiad cyntaf hwn a roddwyd i'r Apostol, ond yn 9:15-16 fe ddaeth wedyn trwy Ananias ac yn 22:17-21 fe ddaeth mewn breuddwyd. Disgrifir ei genhadaeth yn adn.18 mewn termau proffwydol tebyg iawn i'r geiriau yn llyfr Eseia am Was yr Arglwydd (Eseia 42:6-7 a 49:6) a hefyd i adnodau olaf y llyfr hwn (28:23-31). Yn y darn hwn drwyddo mae'r prif ddelweddau yn amlwg, e.e *i gyhoeddi goleuni* (adn. 23) ac i *dystiolaethu* (adn. 22). Ond fe ddeilliodd y profiad gwreiddiol, nid yn gymaint trwy air ond trwy weledigaeth (adn. 16) , a honno'n un nefol fel yn nyddiau'r patriarchiaid gynt (gw. araith Steffan, 7:2 a 30). O dderbyn nid oedd Paul yn *anufudd i'r weledigaeth nefol* (adn. 19).

Yn adn. 20 y cyflwynir y gosodiad cliriaf yn yr Actau o'r ffordd yr oedd Paul ei hun yn deall ei gomisiwn i fynd â'r Efengyl i'r cenhedloedd (cymh. Gal. 1:15-16). Ei dystiolaeth ar ddiwedd yr adran hon yw *ac yr wyf yn sefyll* (adn. 22); gwêl llawer y tebygrwydd rhyngddynt a geiriau enwog Martin Luther, 'Yma y safaf, ni allaf wneud dim arall'.

(iii) Paul yn apelio ar Agripa (26:24-32)

Ar ôl yr araith ceir sgwrs fer rhwng Ffestus a Paul, ac y mae eironi yn y cyferbyniad rhwng cyhuddiad Ffestus fod Paul yn wallgof a'i ateb yntau, *llefaru geiriau gwirionedd a phwyll yr wyf.* Y mae'r dewis rhwng ateb rhesymol, digynnwrf arwr mawr Luc a diffyg dealltwriaeth ymddangosiadol Ffestus yn cynnig her i'r darllenydd yn yr un ffordd ag a wnâi sylw Gamaliel yn 5:38-39.

Yn ôl Luc (adn. 26-29) yr oedd geiriau Paul yn awr yn cael eu hanelu at Agripa ac yn cynnwys her uniongyrchol iddo i gredu. Nid Iddew mo Agripa, ond y mae'n amlwg ei fod yn ddigon cyfarwydd â'r Ysgrythurau Iddewig (adn. 27). Nid ei brofi ei hun yn ddi-euog oedd gwir bwrpas rhethreg Paul, ond yn hytrach ceisiai droi pobl at y ffydd, h.y. sef *i bawb sy'n fy ngwrando heddiw* dderbyn y ffydd fel y gwnaeth ef ei hun.

Effaith araith Paul oedd cadarnhau'r ffaith ei fod yn ddieuog (adn. 31-32). Daeth Ffestus ac Agripa yn argyhoeddedig o hyn, ac onibai ei fod wedi apelio at Gesar fe ellid bod wedi ei ryddhau. Ond yr oedd y cyfan yn ffordd i gyflawni, doed a ddelo, y broffwydoliaeth yn 23:11: *y mae rhaid iti dystiolaethu yn Rhufain hefyd*.

Hwylio tua Rhufain (27:1-38)

Daw'r stori yn awr yn agos at ei therfyn. Methiant fu apêl Paul yn Jerwsalem, ond fe apeliodd am i'w achos gael ei farnu gan Cesar. A bellach mae ar ei ffordd i Rufain, ac yn wynebu ar fordaith gynhyrfus. Disgrifiwyd yr amgylchiadau gan un oedd yn amlwg yn forwr profiadol. Gwêl esbonwyr fel Dunn (1996) enghraifft bellach yma o batrwm cyffredinol yr hanes: datblygiad sicr ond llafurus; criw anghrediniol ac adweithiol, fel rhai o'i gyd-Iddewon; swyddog Rhufeinig cefnogol; ac yn bennaf, cadarnhad amlwg mai Duw oedd wrth y llyw ac felly daw gwaredigaeth o sefyllfaoedd peryglus a'r canlyniad yw diogelwch ac iachawdwriaeth.

Erys yma eto y broblem o awduraeth yr 'adran-ni', sef y person cyntaf lluosog. Y tro olaf iddo ysgrifennu oedd yn 21:18. Yr esboniad tebycaf yw mai un o gyd-deithwyr Paul ar y daith hon oedd yr awdur.

Ar hyd arfordir Asia Leiaf (27:1-12)

Yr oedd gan Paul o leiaf ddau gyfaill yn cyd-deithio ag ef o Facedonia: *Aristarchus* (adn. 2) oedd y naill, a'r sawl oedd yn sgwennu'r hanes oedd y llall. Ni wyddom ddim rhagor am *Jwlius y canwriad*, ond tystia arysgrif o'r cyfnod bod minteioedd o filwyr Rhufeinig *Ymerodrol* yn gwasanaethu yn Syria yn y ganrif hon. Nid oedd Paul a'r nifer bach o garcharorion eraill yn ddigon pwysig i gael cludiant milwrol arbennig; felly manteisiodd Jwlius ar y cyfle i hwylio ar unrhyw long addas oedd yn digwydd mynd i'r cyfeiriad iawn. Cawn fanylion morwrol dianghenraid gan awdur yr 'adran-ni', yn ôl ei arfer: bod y llong gyntaf a gaed yn dod *o Adramytium* (adn. 2), ar arfordir Môr Aegea, a bod yr ail i fynd ymlaen eto o *Alexandria* (adn. 6); yn ôl pob tebyg un o'r llongau mawrion i gludo ŷd ar draws y Môr Canoldir o'r Aifft i Rufain oedd yr ail (gw. adn. 38). Disgrifir camau cyntaf y fordaith: yr oedd *y gwyntoedd yn ein herbyn* ac *yn dal i'n rhwystro* (adn. 4,7), ac felly buont *am ddyddiau lawer yn hwylio'n araf* (adn. 7), ac *â chryn drafferth* (adn. 8).

Erbyn iddynt gyrraedd Creta yr oedd tymor morio bron drosodd (adn. 9). Sylwn hefyd ar duedd yr awdur i ddefnyddio gwyliau Iddewig i ddyddio digwyddiadau. Ddiwedd Medi neu ddechrau Hydref y cynhelid Gŵyl yr Ympryd (*Yom Kippur*). Credir mai ar Hydref 5ed y digwyddai yn 59 OC. Er bod gan Paul ei gyngor iddynt beidio â mynd ymlaen (adn. 10-11), nid oedd gan Jwlius unrhyw reswm dros wrando ar ei farn ef yn hytrach na'r arbenigwyr. Ni ddatgelodd Luc ychwaneg am eiriau Paul, p'un ai geiriau proffwydol ar sail synnwyr cyffredin oeddent, ynteu a oedd gan Paul rhyw ddirnadaeth oruwchnaturiol. Ni wyddom i sicrwydd ymhle'n union yn Creta yr oedd y *porthladd . . . Phenix* yr oeddent yn anelu ato.

Y storm ger Creta (27:13-26)

Toc ar ôl iddynt hwylio, yn sydyn cododd corwynt, *gwynt tymhestlog* (adn. 14), peth digon cyffredin yn yr ardal hon, ac yr oedd ganddynt enw arno, *Ewraculon*; deuai o'r gogledd-ddwyrain *i lawr o'r tir*. I long Rufeinig gydag un hwyl fawr anodd iawn oedd troi *ei thrwyn i'r gwynt*, ac felly roeddynt mewn perygl o gael eu gyrru at gefnenni tywod peryglus dros ben o'r enw *Syrtis* ger arfordir yr Affrig (adn. 17). Gwelir yn adn.

16-19 lawer o fanylion technegol am forwriaeth yr oes honno.

Ceir yn adn. 20 ddisgrifiad gwych o'r teimlad o flinder ac anobaith a deimlent yn eu sefyllfa druenus wrth ymladd yn erbyn y tonnau: *yr oedd pob gobaith am gael ein hachub bellach yn diflannu*. Ond, a hynny am y tro olaf yn yr Actau, daeth gweledigaeth neu freuddwyd i Paul ar ffurf angel gyda neges o obaith gan Dduw y caent eu hachub (adn. 24). Y mae'r geiriau agoriadol *Paid ag ofni* yn ein hatgoffa o brofiadau tebyg yn 18:9 a Luc 1:3,30; 2:10; 5:10. Bydd Paul yn sicr o gyrraedd diwedd y daith a sefyll gerbron Cesar. Trosglwyddwyd y neges gadarnhaol o ffydd yn Nuw (adn. 25-26) gydag awgrym o'r hyn sy'n mynd i ddigwydd. Cawn yma y gwrthwyneb i hanes Jona: roedd ei anufudd-dod ef i Dduw yn arwain at beryglon i'w long (Jona 1:12), tra llwyddodd ufudd-dod Paul i sicrhau diogelwch i'r llong (adn. 24).

Ar draws Môr Adria (27:27-38)

Nid yr un un â'r Môr Adriatig mo hwn ond y cefnfor rhwng yr Eidal, Malta, Creta a Gwlad Groeg. Fe gymerai tua 14 diwrnod felly i ddrifftio o Greta i Malta. Cryfhau y mae awdurdod personol Paul drwy'r amser. Erbyn hyn tuedda'r canwriad i wrando arno ef yn hytrach na'r morwyr (adn. 30-31).

Gellir dehongli ymyriad olaf Paul i *achub* pawb oedd ar y llong mewn dwy ffordd: yr oedd yn amlwg yn gyngor ymarferol doeth iddynt gymryd bwyd er mwyn iddynt fod yn ddigon gryf i nofio i'r lan (adn. 34). Ond wrth gofio mai'r gair Groeg yma ydyw *soteria*, sef iachawdwriaeth, anodd peidio â chredu bod ystyr symbolaidd i'r gair hefyd. Pwysleisia Barrett (2002) yn y cyswllt hwn bod 'torri bara' fel sacrament i gofio'r Swper Olaf yn rhan o bryd bwyd cyffredinol, normal y gymdeithas Gristnogol. Nid defod ar wahân oedd hyn i Paul a dau neu dri eraill o'i gyfeillion. Roedd gofyn bendith Duw a thorri'r bara yn nodweddion o bryd bwyd yr Iddewon hefyd. Ni ellir llai na chredu felly bod arwyddocâd arbennig i eiriau Paul yn adn.35 a 36 : *cymerodd fara,* cymh. Luc 22:17,19; 9:16; *a diolchodd i Dduw,* cymh. Luc 22:17,19; 9:16; *a'i dorri,* cymh. Luc 22:19; 9:16; *a dechrau bwyta,* cymh. Luc 22:15. Ond cofiwn bod hyn *yng ngwydd pawb,* a phawb yn bwyta, ar wahân, mae'n debyg, i'r rhai oedd yn gorfod llywio'r llong.

Llongddrylliad (27:39 - 28:10)

Y Llongddrylliad (27:39-44)

Yr unig obaith bellach oedd dod a'r llong i'r lan (adn. 39-40), ond rhwystrwyd hwy i hwylio i mewn i *gilfach ag iddi draeth* oherwydd i ben blaen y llong gael ei dal pan ddaethant i *ddeufor-gyfarfod,* sef dau fôr yn cyfarfod â'i gilydd. Drylliwyd pen ôl y llong dan bwysau'r gwynt a nerth y tonnau.

Ymateb digon naturiol oedd un y milwyr (adn. 42-44), sef lladd y carcharorion ar unwaith rhag iddynt ddianc gan eu bod hwy yn gyfrifol amdanynt. Ond nid dyna ddymuniad Jwlius oedd o'r cychwyn (adn. 3) wedi dangos parch at Paul, ac yr oedd yn awyddus i'w achub er mwyn iddo gyrraedd Rhufain. I ddarllenwyr Iddewig a Groegaidd cynrychiolai'r moroedd ystormus rymusterau peryglus ac aflunaidd tu hwnt i reolaeth ddynol. Ac felly gorffennodd Luc yr hanes epig hwn gyda geiriau effeithiol a syml ond hefyd ar nodyn o ryddhad a moliant tawel (adn. 44).

Paul ar Ynys Melita (28:1-10)

Dyma hanes sydd megis *cameo* yn crynhoi'r antur argyfyngus a wynebai Paul ar hyd ei genhadaeth : caredigrwydd a chroeso (adn. 2,3) ond drwgdybiaeth pan ddaeth neidr allan o'r tân a *glynu wrth ei law.* Yr enw a roed ar y brodorion oedd *barbaros* yn y Groeg, term ar gyfer pobloedd nad oeddent yn siarad yr iaith Roeg, ond eu tafodiaith eu hunain. Bu hanes rhamantus i Melita, neu Malta. Mae'n debyg mai'r Pheniciaid oedd y trigolion cyntaf, ond bu'r ynys yn wrthrych eiddigedd sawl ymerodraeth, gan gynnwys Groeg a Rhufain yn eu tro. Portreadir hwy fel pobl garedig ond ofergoelus. Felly pan na chafodd Paul anaf gan y wiber credent *mai duw ydoedd* (adn. 6). Derbyniodd Paul a'i gyfeillion oedd wedi eu llongddryllio letygarwch am dridiau gan dirfeddiannwr o'r enw Poplius.

Yr oedd tad Poplius yn wael ac *yn dioddef gan byliau o dwymyn a chan ddisentri* (adn. 8); dyma'r unig dro y defnyddir y gair disentri yn y TN. Y mae'r wyrth hon yn ein atgoffa o Iesu'n iacháu mam-yng-nghyfraith Pedr (Luc 4:38-39). Fel yn yr Efengylau daeth cleifion eraill ato am wellhad (adn. 9). Dyma brawf, os oedd angen, bod Duw yn dal gydag ef. Yn yr hen oesau cysylltid profiad o longddrylliad â'r sarhad a ddygai barn Duw neu'r duwiau ar droseddwyr. Ond i'r gwrthwyneb hollol yn hanes Paul, arweiniodd y llongddrylliad at ei anrhydeddu a'i lwytho â rhoddion. Nid oes unrhyw sôn amdano fel carcharor dan warchae yn y darn hwn.

Pen y Daith : Rhufain (28:11-31)

Yr Olygfa Olaf: Paul yn Rhufain (28:11-31)
Ar ôl drama'r llongddrylliad, braidd yn fflat, prudd a phen-agored yw'r olygfa olaf yn y llyfr. Cyrhaeddodd Paul Rufain o'r diwedd. Ond ni chlywn beth a ddigwyddodd i'w achos. Portread amwys a gawn o Paul y carcharor, yn pregethu'r Deyrnas i bawb a ddeuai ato (adn. 30-31) ond nid oedd byth yn rhydd o warchodaeth awdurdod Rhufain (adn. 16). Mae a wnelo'r rhan fwyaf o'r darn olaf hwn â'r ddadl rhyngddo ef a'r gymuned Iddewig yn Rhufain (adn. 17-28).

Cychwyn yr adran olaf gyda hanes y daith o Felita i Rufain (adn. 11-16). Yn ôl ei arfer cawn ddigon o fanylion am y fordaith gan awdur y darn olaf hwn o'r 'adrannu-ni'. Byddai'r cyfnod o dri mis (adn. 11) yn dod â'r stori i Chwefror 60 OC, a'r tywydd y pryd hwnnw, mae'n debyg, yn dechrau gwella'n ddigon da i hwylio ar un o'r llongau oedd yn cludo ŷd o Alexandria i Rufain ar ôl gaeafu yn Malta. Arwydd y llong oedd *Yr Efeilliaid Nefol*, sef Castor a Pollux neu Gemini, meibion Zews a Leda, duwiau poblogaidd gyda morwyr.

Yr oedd y llong yn galw heibio i borthladdoedd Sisili a gwaelod isaf de-orllewin yr Eidal (adn. 12-13). Disgynnai'r teithwyr i Rufain yn Potioli, a oedd daith rhyw 5 diwrnod o gerdded o Rufain. Roedd eglwys eisoes wedi ei sefydlu yn Potioli a chafodd Paul ganiatâd ei warchodwyr i gymdeithasu â'i *gyd-gredinwyr* (adn. 14).

Codwyd calon Paul ac *ymwrolodd* (adn. 15) pan ddaeth Cristnogion o Rufain i'w groesawu yn Marchnad Apius, tua 43 milltir o Rufain ac eraill ohonynt eto yn y Tair Tafarn, rhyw 33 milltir o'r brifddinas. Ond yr oedd yn dal yn garcharor gyda chyfyngiadau ar ei ryddid wedi'r cwbl a milwyr yn ei warchod (adn. 16).

Yn yr olygfa olaf (adn. 17-22) cawn Paul, y cenhadwr arloesol, yn pregethu, nid i baganiaid Rhufain fel y gwnaeth i athronwyr Athen, ond i'w gyd-genedl . Fel Iddew ffyddlon ei hun apeliodd atynt i roi gwrandawiad teg i'r Efengyl. Erbyn canol y ganrif gyntaf y mae'n ymddangos bod Iddewon wedi dychwelyd i Rufain ar ôl alltudiaeth adeg Clawdius. Amcangyfrifir bod tua 40,000 i 50,000 ohonynt yno, gydag oddeutu 12 o synagogau. Mae'n debyg mai cynrychiolwyr y synagogau hyn oedd *yr arweinwyr ymysg yr Iddewon* a alwyd at ei gilydd gan Paul er mwyn iddo'u cyfarfod (adn. 17). Go brin y caniatawyd iddo ef fel carcharor fynychu'r synagog.

Yr oeddent yn barod i roi gwrandawiad teg iddo, ac yr oedd eu hymateb i'w neges yn dipyn mwy heddychol na'r hyn a gafodd gan lawer o'r Iddewon yn Jerwsalem ac yn Asia Leiaf. Rhoddodd Paul bwyslais ar yr hyn oedd yn gyffredin iddo ef a'r arweinwyr Iddewig hyn fel brodyr (adn. 17), ac fe'u sicrhaodd nad oedd ei apêl ef at Gesar yn arwydd o unrhyw anheyrgarwch *yn erbyn fy nghenedl* (adn. 19). Peth digon naturiol oedd i Paul geisio ennill cefnogaeth y gymuned cyn i unrhyw neges negyddol eu cyrraedd o Jerwsalem (adn. 21). Cofiwn nad oedd Luc na Paul yn gweld *yr Iddewon* fel pe bai'n un gyfundrefn gymdeithasol a chrefyddol unedig. Amrywiol oedd eu hymateb i bregethiad Cristnogol o le i le ac ymysg ei gilydd. Yn ôl crynhoad Luc yn y darn hwn yr oedd gan Iddewon Rhufain agwedd agored at Paul a'i neges, ac yr oeddent yn awyddus i ddod i benderfyniad drostynt eu hunain (adn. 22).

Y mae cyfeiriad Paul at *gobaith Israel* (adn. 20) nid yn unig yn ein hatgoffa o'i eiriau ef gerbron Agripa (26:6-8) ond hefyd o ddechrau Efengyl Luc a hanes yr hen ffyddloniaid yn y Deml *yn disgwyl am ddiddanwch Israel* (Luc 2:25-38).

Penodwyd un diwrnod arbennig i Paul geisio ennill y gymuned leol. Nid yw Luc yn rhoi geiriau Paul ei hun; yr hyn a wna mewn gwirionedd yw ail-adrodd mewn modd dramatig y cyfan a osodwyd ger ein bron drwy'r Actau i gyd (adn. 23). Nid oedd y canlyniadau i hyn yn gwbl negyddol ymhlith yr Iddewon o bell ffordd; *yr oedd rhai yn credu ei eiriau* (adn. 24), ond y mae'n amlwg bod hefyd *anghytundeb* yn y gymuned.

Gwêl rhai yn y darn hwn hanes methiant terfynol ym mherthynas Paul â'i genedl ei hun a Duw felly yn gwrthod cenedl Israel. Ond heb amheuaeth y mae Dunn yn llygad ei le yn anghytuno'n llwyr â'r gosodiad anghywir ac anghytbwys hwn a hynny am y chwe rheswm hyn:

1. Soniodd Luc am y croeso agored roddwyd i Paul gan Iddewon Rhufain (adn. 21-22)
2. Fe gafodd neges Paul ymateb cymysg gan y gymuned Iddewig – rhai yn credu, a'r lleill ddim (adn. 24).
3. Nid yw'r dyfyniad o Eseia 6:9-10 (adn. 26-27) yn gondemniad terfynol ar yr Iddewon mwy nag oedd i Israel pan lefarwyd y geiriau gyntaf gan Eseia.

4. Nid yw'r ffaith bod Paul yn troi at y Cenhedloedd (adn. 28) yn ddim ond dilyn yr un patrwm ag a wnaeth yn 13:46 a 18:6.
5. Cymerwn yn ganiataol bod Iddewon ymhlith y rhai a ddaeth ato yn ystod y ddwy flynedd nesaf (adn. 30); ni rydd Luc unryw awgrym i'r gwrthwyneb.
6. Yn ganolog i neges Paul mae dwy elfen y mae'n amhosibl eu deall ar wahân i'w cefndir Iddewig: (a) Teyrnas Dduw a (b) Iesu ei hun yn gyflawniad y Gyfraith a'r Proffwydi

Y mae'n amhosibl dyfalu pam y bu i Luc orffen ei lyfr fel y gwna yn y diweddglo yn adn. 29-30. Ceir awgrymiadau diddorol gan Barrett (2002, tud. 427-428). Un ddamcaniaeth bosibl yw bod yr eglwys yn Rhufain wedi cefnu arno fel yr awgrymwyd yn 2 Tim. 4:16. Damcaniaeth arall yw bod Luc wedi bwriadu ysgrifennu trydydd llyfr i ddilyn yr hanes ymhellach, ond na lwyddodd i wneud hyn, neu os y gwnaeth fe aeth ar goll.

Sut bynnag, mae'r adnodau olaf hyn yn gorffen ar nodyn digon hyderus: cyrhaeddodd Paul i Rufain yn ôl ei ddymuniad, a hynny er buddugoliaeth i Air Duw a bregethir i bawb, Iddewon a'r Cenhedloedd, *gyda phob hyder heb neb yn ei wahardd*.

LLYFRYDDIAETH

Esboniadau

Barrett, C.K. *The Acts of the Apostles. A Shorter Commentary*, Edinburgh: T. & T. Clark, 2002.

Bruce, F.F. *The Acts of the Apostles: the Greek Text with Introduction and Commentary*, 3rd. ed. Grand Rapids: Eerdmans, 1990.

Conzelmann, H. *The Acts of the Apostles, Hermeneia*; Philadelphia: Fortress Press, 1987.

Dunn, J.D.G. *The Acts of the Apostles*, London: Epworth Press, 1996.

Fitzmyer, J.A. *The Acts of the Apostles, Anchor Bible*, New York: Doubleday, 1988

Griffiths, E.W. *Ffordd y Ffydd. Detholiad o Lyfr yr Actau*, Caernarfon: Gwasg Pantycelyn, 1981.

Roberts, J.S. *Actau'r Apostolion*, Cynllun Gwerslyfrau Cymraeg Y Cyd-Bwyllgor Addysg Cymreig, D. Brown a'i Feibion, 1970.

Williams, R.R. *The Acts of the Apostles*, London: SCM Press, 1972.

Llyfrau Eraill

Brawlay, R.L. *Luke-Acts and the Jews. Conflict, Apology, and Conciliation*, Atlanta: Scholars Press, 1987.

Brown, S. *The Origins of Christianity*, Oxford: OUP, 1993

Dunn, J.D.G. *The Theology of Paul, the Apostle*, Edinburgh: T. & T. Clark, 1998.

Jervell, J. *The Theology of the Acts of the Apostles*, Cambridge: CUP, 1996.

Kee, H.C. *Good News to the Ends of the Earth:The Theology of Acts*, London: SCM Press, 1990.

Tannehill, R.C. *The Narrative Unity of Luke-Acts: a Literary Interpretation. Vol. 2. The Acts of the Apostles*, Philadelphia: Fortress Press, 1990.

Wenham, D. & Walton, S. *Exploring the New Testament, Vol. 1 Introducing the Gospels and Acts*, London: SPCK, 2001.

CYFRES O ESBONIADAU

Wedi eu cyhoeddi:

Llyfr Deuteronomium
Gwynn ap Gwilym

1 a 2 Samuel
Gwilym H. Jones

Detholion o Jeremeia
Gareth Lloyd Jones

Hosea a Micha
Eryl Wynn Davies

Joel ac Amos
Wil Huw Pritchard

Efengyl Marc
David P. Davies

Actau'r Apostolion
Tom R. Wright

Llythyrau at y Galatiaid a'r Philipiaid
John Tudno Williams

Y Llythyr at yr Hebreaid
D. Hugh Matthews

Llyfr Datguddiad
Catrin Haf Williams

I'w cyhoeddi yn 2005:

Llyfr Genesis

Efengyl Ioan